YOUR KNOWLEDGE HAS VALUE

- We will publish your bachelor's and master's thesis, essays and papers

- Your own eBook and book - sold worldwide in all relevant shops

- Earn money with each sale

Upload your text at www.GRIN.com
and publish for free

Bibliographic information published by the German National Library:

The German National Library lists this publication in the National Bibliography; detailed bibliographic data are available on the Internet at http://dnb.dnb.de .

This book is copyright material and must not be copied, reproduced, transferred, distributed, leased, licensed or publicly performed or used in any way except as specifically permitted in writing by the publishers, as allowed under the terms and conditions under which it was purchased or as strictly permitted by applicable copyright law. Any unauthorized distribution or use of this text may be a direct infringement of the author s and publisher s rights and those responsible may be liable in law accordingly.

Imprint:

Copyright © 2017 GRIN Verlag
Print and binding: Books on Demand GmbH, Norderstedt Germany
ISBN: 9783668892477

This book at GRIN:

https://www.grin.com/document/454494

Oleg Gradov, F. Nasirov, A. Yablokov, E. Zaitsev, Orekhov F., A. Skrynnik

Proceedings of ASPBB. Vectorscopis Sequencing, Analog Bioinformatics, and SPIM-assisted Sequencing

GRIN Verlag

GRIN - Your knowledge has value

Since its foundation in 1998, GRIN has specialized in publishing academic texts by students, college teachers and other academics as e-book and printed book. The website www.grin.com is an ideal platform for presenting term papers, final papers, scientific essays, dissertations and specialist books.

Visit us on the internet:

http://www.grin.com/

http://www.facebook.com/grincom

http://www.twitter.com/grin_com

ВЕКТОРОГРАФИЧЕСКИЕ СИНХРО-/ФАЗО-ЧУВСТВИТЕЛЬНЫЕ ТЕХНИКИ В СПЕКТРОЗОНАЛЬНОМ / МУЛЬТИСПЕКТРАЛЬНОМ СЕКВЕНИРОВАНИИ НА АКТИВНОМ ЧИПЕ И В КАПИЛЛЯРНЫХ МИКРОФЛЮИДНЫХ СИСТЕМАХ БЕЗЛИНЗОВОЙ (КМОП-/ПЗС-) МИКРОСКОПИИ НА ЧИПЕ. АНАЛОГОВАЯ БИОИНФОРМАТИКА.

Перспективы разработок. Базовые представления. Стандарты и модели.

Градов О.В. [1]
Институт Энергетических Проблем Химической Физики

Насиров Ф.А. [2]
Институт Энергетических Проблем Химической Физики

Яблоков А.Г. [3]
Институт Энергетических Проблем Химической Физики

Зайцев Е.В. [4]
Российский химико-технологический университет им. Д. И. Менделеева

Орехов Ф.К. [5]
Институт Химической Физики им.Н.Н. Семенова РАН

Скрынник А.А. [6]
МВТУ СТАНКИН

---

[1] Вклад автора: написание введения с библиографическим обзором и базовая идеология подпроекта; тех. ред.

[2] Вклад автора: создание системы вывода сигнала картирования с чипов на осциллографические регистраторы.

[3] Вклад автора: создание гистохимической инфраструктуры, пригодной для окрашивания XNA и гелевых сред.

[4] Вклад автора: написание в SCADA-системе GUI-оболочки для стереогониометрического анализа на чипе.

[5] Вклад автора: подбор дидактических иллюстраций в сети, компиляция объяснений принципов и стандартов.

[6] Вклад автора: предложена техника сканирования продуктов сепарации во вращающемся капилляре (не SPIM).

Аннотация

Целью настоящей работы является демонстрация применимости векторных диаграмм и векторографических техник в визуализации результатов секвенирования в спектрозональном либо мультиспектральном режиме с использованием фазочувствительных стандартов приемопередачи данных. Предлагается также в данном контексте рассматривать выдаваемые схемами данные как дескрипторы «аналоговой биоинформатики». На данный момент апробации проведены только для регистрограмм (в реальном времени) различных типов электрофореза и методов сепарации в гелевых и частично упорядоченных средах, как в аналоговом, так и в цифровом форматах, поэтому возможно говорить исключительно о перспективах подобных разработок, исходя из механизмов и критериев подобия данных методов и устаревших классических техник секвенирования.

ВВЕДЕНИЕ

Основная масса современных методов секвенирования с применением флуоресцентных меток может квалифицироваться как спектрозональные / мультиспектральные, по принципам визуализации и дифференцирования аналитического сигнала. Это касается также технологий секвенирования на чипе. В технологии Illumina BeadArray используется принцип цветового / спектроколориметрического кодирования микросфер (3 мкм), обладающих адресацией из 23 олигонуклеотидов и пробой длиной в 50 олигонуклеотидов. Формирование отклика кодового массива (после предварительной нивелировки фона [1,2]) – т.н. «calling» [3,4] – представляет аналитический сигнал микросфер (т.н. «сырые данные» [5]), привязанный к ROI (Region-Of-Interest). В системе существует 1520 корректных используемых адресов, 272 корректных, но не используемых адресов и 4769 некорректных адресов. Их декодирующая гибридизация, по определению, должна осуществляться в позиционно-чувствительном режиме, так как стоит задача определения нахождения целевых олигонуклеотидов в заданных координатах ROI с учетом исходного расположения микросфер на расстоянии 5.7 мкм. Флуоресценция метки на бусине при цветовом кодировании, очевидно, спектрозональна, то есть – мультиспектральна, но измеряется в целевых областях флуоресценции.

Многие специальные протоколы молекулярно-биологических исследований базируются на использовании мультиспектрального мечения (multispectral labeling). Мультиспектральное мечение антител с полифлуорофорами на ДНК-основе является распространенной техникой в цитометрии и клеточной визуализации (имэджинге) [6] и картировании белков [7]. Техника мультиспектральных измерений лежит в основе протоколов исследования связывания ДНК с ксенобиотиками и их цитотоксической и антиоксидантной активности [8]. Конъюгаты ДНК-пептид используются в качестве специфичных ферментативных хемосенсоров [9]. Методы с использованием редкоземельных флуоресцентных зондов (т.н. «редкоземельная биохимия» и «токсикогенетика редкоземельных элементов») с мультиспектральной регистрацией отклика служат не только непосредственному исследованию токсического (либо модифицирующего) воздействия данных зондов на объект исследования, но и анализу опосредования зондом или интермедиатами, образуемыми в ходе его ассимиляции, воздействия ксенобиотиков на ткань или ядерный материал и цитоплазмоны области воздействия [10].

Мультиспектральный сбор данных может осуществляться не только в видимой, но и в инфракрасной области.

Первыми работами в данном направлении являются описания техник для пептидного секвенирования, реализуемого на коротких последовательностях, ди- и трипептидах [11]. Работы по техникам инфракрасного мультиспектрального картирования при секвенировании нуклеиновых кислот авторам неизвестны, хотя лазерное сканирование в инфракрасном диапазоне применяется на практике в секвенировании ДНК на принципах электрофореза с начала 1990-х гг. [12], ПЦР-продукты измеряются методами прямого ИК-секвенирования со второй половины 1990-х гг. [13], амплификация длинных повторяющихся палиндромных последовательностей 16s рДНК последовательно совместима с Фурье-ИК-спектроскопией (FTIR / FT-NIRS) как технологией характеризации [14], идентификация времен жизни в ближней инфракрасной (NIR) области в техниках секвенирования на базе капиллярного гель-электрофореза становится классическим подходом [15], также как ДНК-секвенирование с временным разрешением (дискриминацией) при мечении тяжелыми атомами и модифицированными ими красителями [16]. Не вызывает сомнения тот факт, что позиционирование отдельных методов как мультиспектральных либо спектрозональных было бы возможным и в ИК-области (за исключением методов МАЛДИ-МС с многофотонной диссоциацией в ИК-диапазоне, где использование лазеров с заданными длинами волн для десорбции-ионизации не позволяет говорить о мультиспектральном сборе данных при секвенировании высокомолекулярных семантид и эписемантид [17-19]), однако, вероятно, в силу отсутствия спектрозональной визуализации сигнала в инфракрасной зоне и, как следствие, использования либо аддитивного теплового детектирования одиночной метки, либо спектрального регистрирования комплекса меток или собственно семантид как таковых (частным случаем принципа «генетически-кодируемого мультиспектрального мечения» [20] является метод кодирования производными ксенонуклеиноых кислот, которые являются как метками ДНК / полифлуорофорами, так и собственно семантидами), данная терминология не используется, хотя уже общеизвестные секвенаторы IR2 использовали двухканальную схему с полупроводниковыми твердотельными лазерами (на λ=680 нм и λ=780 нм) и инфракрасным диапазоном детектирования при регистрации сигнала флуоресценции красителей, которыми метились дидезоксинуклеотиды, при разделении продуктов терминирующих реакций в гель-электрофорезе.

Формирование теоретического базиса концепции мультиспектрального секвенирования и спектрального мультиплексирования восходит к концу 1980-х гг. [21], когда были впервые, в рамках подходов секвенирования второго поколения, интегрированы принципы фотохимии флуорофоров, мультиспектральной регистрации, прямого блоттинга или гель-электрофореза, электронного получения изображений (имиджинга) в цифровом формате и мультиплексного секвенирования со специфическим набором зондов и праймеров. Лазерные методы детекции подразумевали наличие специфических красителей с откликом в различных субдиапазонах; в частности, уже ABI 373 использовал 4 красителя видимого диапазона.

Наличие красителей с различным спектроколориметрическим откликом, адекватным каналам аддитивной цветовой модели или каналам компонентного видеосигнала, позволяет использовать дифференциацию и дискриминацию по данным каналам для прямой оценки содержания связавшихся с данным красителем кодирующих агентов в позиционно-чувствительном режиме.

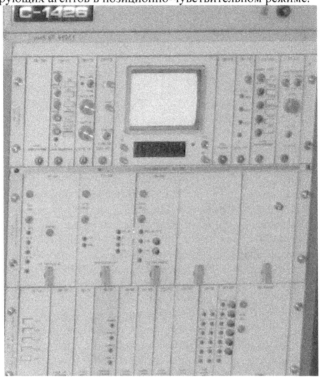

Рис. 1-а: Вариант крепления секамоскопа в крейтовой стойке (С-1426), пригодной для нужд аналоговой видеобиоинформатики.

Проблема быстрого (в реальном времени) позиционно-чувствительного оценивания содержания связывающихся с носителем кода красителей может быть решена при условии использования измерительных средств, дифференцирующих и дискриминирующих данные цветовые компоненты сигнала в реальном времени, что соответствует современным трендам RTS [22] (real time sequencing – в том числе single molecule real time sequencing, SMRTS) с оптическим детектированием [23], в том числе – для модифицированных (например, метилированных [24]) носителей кода. Более точно, с биологических позиций, требующих адекватного картирования кода сиквенса *in situ*, можно было бы охарактеризовать потребность в демультиплексировании цветовых каналов в процессе мультиспектрального секвенирования как потребность в регистрации кодирующей последовательности при произвольных воздействиях (типа вышеуказанного метилирования) по всем каналам одновременно с временным разрешением по каждому каналу в отдельности *in situ*. Такая постановка проблематики, апеллирующая к принципам in situ секвенирования – ISS [25] (имплементируемого как на специальным образом отпрепарированных тканях , так и в гель-электрофоретических техниках разделения [26,27]; как в секвенировании ДНК, так и в секвенировании РНК), в том числе – с флуоресцентным детектированием [28,29], позволяет в случае оптической регистрации реализовать мультиплексирование – демультиплексирование с аналоговым разделением по цвету / длине волны (WDM – wavelength division multiplexing). Реализация системы, выполняющей перечисленные функции, в том числе – при контактном режиме регистрации на чипе [30], и апробация на модельных препаратах является предметом настоящей статьи.

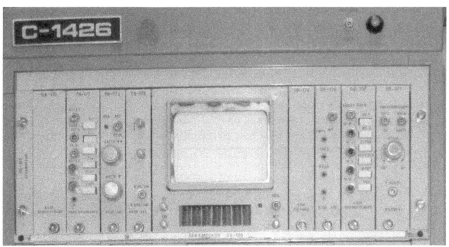

Рис. 1-б: Модульный рэк с секамоскопом типа ПБ-100, интегрируемыми в крейтовую стойку С-1426.

ВАРИАНТЫ ИМПЛЕМЕНТАЦИИ ТЕХНИКИ

<u>Представление входных данных.</u> При регистрации сигнала ПЗС- и КМОП-детекторами в аналоговом формате (как с помощью простейших камер – ридеров ранних поколений, так и путём использования контактных чипов с встроенными ПЗС- и КМОП- детекторами) обычно является возможным извлечение первичных данных в формате компонентного видеосигнала, в котором низкочастотная цветовая поднесущая передается автономно (без миксинга сигнала яркости и цветности), либо в формате композитного видеосигнала, в котором транслируется полный цветной сигнал, содержащий сигналы яркости, цветовой поднесущей, гашения, всех типов синхронизации (аббр. ПЦТС или CVBS), по

одному каналу, единому кабелю (согласно ГОСТ 21879-88, оговаривающему содержание сигнала синхронизации в CVS). Регистрация с использованием кабелей BNC (или RCA с переходником RCA-BNC) может быть проведена с использованием в качестве оконечного приемника не монитора, а комплекса измерительного оборудования, комплексно измеряющего и визуализирующего характеристики сигналов, а по ним – свойства исследуемого объекта. Нами также была апробирована трансляция сигналов, выдававшихся чипом с первичным RCA-разъёмом по кабелю с оконечным интерфейсом под стандартом SCART (Syndicat des Constructeurs d'Appareils, Radiorecepteurs et Televiseurs), при котором транслировался одновременно спектрозональный сигнал (зеленый / красный), так и Y-канал яркости (как вход, так и выход) композитного видеосигнала; технически / физически исключалась в таком случае только трансляция по SCART протокола управления техникой в стандарте CEC и по соответствующей двунаправленной последовательной шине в стандарте HDMI-совместимых интерфейсов с защитой от копирования (HDCP), так как исследовался и требовал анализа аналоговый сигнал, который не следовало защищать от копирования в ходе экспериментов с распараллеливанием анализа сигнала на множественные устройства вывода и копирования информации, что регламентировано в качестве частного случая применения в стандарте CENELEC EN 50157-1 (Comité Européen de Normalisation Électrotechnique), помимо также избыточных в данном случае регламентов CEC Implementation Guidelines (внедренных HDMI Licensing). При раздельной передаче спектрозональных каналов на визуализирующие и радиоизмерительные приборы в форме компонентного сигнала не используются различные для каждого канала принципы модуляции сигналов, а также преобразование сигнала данных каналов в сигналы яркости и цветности с последующим обратным декодированием, в связи с чем метрологическое качество данного типа аналоговой передачи существенно выше. Этому, в частности, способствует возможность использования расширенной полосы частот, намного большей, чем свойственна стандартному монохроматическому сигналу яркости. Применяя в качестве регистрирующего носителя аналоговых данных мультиспектральной регистрации (с цветоделением) записывающий прибор любого формата, хранящего цвет непосредственно по цветовым координатам в цветовом пространстве RGB, можно обеспечить метрологическую, а не только колористическую корректность сохраняемых и передаваемых (на аналитическое / визуализирующее оборудование) данных.

Синхронное / фазочувствительное детектирование (lock-in) в декодировании цистронов синтетических носителей. Согласно общеизвестным данным, трансляционный PAL-стандарт, по определению, отличается построчным изменением фазы в ходе сканирования, независимо от принципов действия устройства проекции (PAL расшифровывается как «Phase Alternating Line»). Так называемый четвертьстрочный сдвиг, применяемый в данной системе, является, в сущности, сдвигом («шифтингом» в инженерном жаргоне) поднесущей от строки к строке на 1/4 периода, вследствие чего полный цикл чередования фаз поднесущей и фазы компенсации составляет 4 фрейма визуализации аналоговых данных, то есть – 4 последовательных карты / кадра. Это значит, что можно непротиворечиво к теории использовать сканирование сигнала флуоресцентно-окрашенных образцов синтетических носителей кода в мультиспектральном / спектрозональном режиме с разделением по цветовым или цветоразностным каналам (RGB и его аналоги или R-Y, B-Y и их аналоги) с колокализацией окрашенных разными спектрально кодирующими красителями фрагментов. Изменение полярности структуры (поднесущей, но не только её) между фреймами не должно смещать цикличность / периодичность фаз. Циклы, кодируемые частотой, соответствующей разности частот гармоник спектра, могут нести при этом самостоятельную аналитическую информацию о скорости реакционно-диффузионных и флуоресцентных процессов в исследуемом образце / микропрепарате. Применяя поднесущие с частотами, кратными частоте строчной развертки, и фазовую коммутацию (на 180°) между её периодами (от строки к строке), можно достигнуть сверхвысокого разрешения, в пределах от 3 до 1 строки на кодирующий источник (оптический сигнал цистронного микропрепарата, находящийся на одном уровне лэддера или единой считываемой строке или линейной ячейке чипа). Частотную синхронизацию в данном случае обеспечивают тривиальным путем, вводя жесткую связь между частотами поднесущей и строк сканирования посредством нормативно регламентируемой кратности. Альтернативой является коммутация фаз (регламентированная Séquentiel couleur avec mémoire / Séquentiel couleur à mémoire) с двумя поднесущими, причем реализуемая черезстрочно – по третьим строкам, что обеспечивает высокую дискретизацию по фазе (0°, 0°, 180°, 0°, 0°, 180°) при использовании двух поднесущих частот, периодически чередуемых через строку сканирования (случай коммутаций от поля к полю в данном случае не рассматривается, хотя регламентируется в рамках того же стандарта). Несмотря на вполне ожидаемые в таком случае нелнейные искажения сигналов цветности – так как информация о цветоразностных сигналах передается частотной модуляцией цветовых поднесущих, в силу чего при наличии в тракте дифференциально-фазовых искажений, на вертикальных границах («колориметрических переходах» фазы) возникает резкое изменение фазы сигнала цветовой поднесущей – данная технология также может использоваться (с известными оговорками) на практике в установках транслирующего секвенирования с отображением на вектороскопах и подключаемых воедино с ними устройствах при условии использования в некоторых звеньях (см. выше) фазочувствительных / синхронных детекторов и фазочувствительных усилителей и анализаторов. Данное требование связано с тем, что, так как частота является производной от фазы по времени, эти изменения фазы сопровождаются кратковременными изменениями частоты поднесущей, приводя к искажениям спектроколориметрических характеристик карт кода, что недопустимо в корректном секвенировании и баркодинге. Так как уровень данных искажений зависит от крутизны перепада яркостного сигнала и дельты в уровнях сигнала (до и после), а во флуоресцентных и темнопольных измерениях данный уровень и данная дельта, по определению, весьма велики, с метрологических позиций, необходим учёт не критичных, если говорить о «неметрологических» приложениях, фазовых характеристик. Амплитудный детектор выделяет сигналы, примерно пропорциональные деформированной огибающей при полосе 7-8 МГц радиочастотного канала, образующейся в процессе квадратурного сложения синфазной и квадратурной составляющих[7] (с искажениями).

Рис. 1-в: Модуль индикации секамоскопа ПБ-100 в рэке, интегрируемом в крейтовую стойку.

При фазочувствительном (либо, как в более общем случае называют этот метод – синхронном) детектировании, квадратурная модуляция может быть не помехой и источником артефактов, но средством корректирования асимметрично-фазовых искажений. Квадратурные искажения обусловлены смещением фазы несущей, следовательно, их компенсация возможна путем ее обратного смещения, которое, в случае зависимости проводимости детектора от времени, возможно имплементировать здесь (в синхронном детекторе, в отличие от ам-

---

[7] Речь в данном случае идёт не о системе кодирования SECAM, целиком отвергающей «двойную квадратурную модуляцию», передающей сигнал яркости через линию задержки, а цветоразностные сигналы по «кодирующей матрице» передающей видеосигналы на фильтр предыскажений через более низкочастотные блоки, чем полоса яркости и общая полоса сигнала (до 1.5 МГц для цветоразностного сигнала R-Y либо Y-B против 5 либо 6 МГц полосы сигнала яркости, 5.5 или 6.5 МГц несущей звука и 7 или 8 МГц полосы канала в целом – в зависимости от индекса L, K1, B/G или D/K).

плитудного детектора с проводимостью зависящей от напряжения, приложенного к диоду). Так как принципы действия синхронного детектора, в сущности, эквивалентны принципам действия ключевого модулятора с ключом, синхронно отрабатывающим с частотой модулирующего сигнала, замыкающим на полупериод входного сигнала, возможно, используя узкополосный фильтр с лимитером амплитудной модуляции и фазорегулятор (вместо первого можно использовать гетеродин, синхронизируемый входным сигналом), обеспечить сдвиг фазы на угол, эквивалентный углу паразитной фазы, однако, по знаку, инвертированный относительно неё. Избегая в визуализации артефактов окрашивания цветовых («спектрозональных») переходов, возникающих обычно при несоответствии частот покоя поднесущих цветности и коммутации фазы поднесущей, можно улучшить в три раза и более квалиметрические качества результирующего измерения (что невозможно применить в случае обычного амплитудного детектора и наличия дискриминатора в декодере цветности) Так как на практике характеристика группового времени запаздывания оценивается по АЧХ (амплитудно-частотной характеристике) приемника, а плоской части данной характеристики соответствует линейный участок ФЧХ (фазо-частотной характеристики), а ФЧХ «скатов» характеризуется нелинейными участками, можно гибридизировать измерение ФЧХ на линии передачи сигналов с селективного спектрозонального флуоресцентно-детектирующего секвенатора с телеметрической трансляцией сигнала с измерением нелинейных искажений и нелинейным анализом сигнала в целом. Критичность фазового сдвига частотных составляющих сигнала и адекватного ему группового времени запаздывания состоит, в случае аффиметрики цистрона по флуоресцентным критериям, в том, что различие группового времени запаздывания ведет к искажению сигнала яркости, а при измерении переходных характеристик, а, следовательно, и частотно-контрастной функции, проявляется в изменении фронта импульса. Исключением, на котором работа фазового детектора в схеме экспериментального секвенатора, может быть бесполезна, является только случай изменения фаз на 90 или 270°, так как детектирование не реализуемо в случае, когда ток в цепи не имеет постоянную составляющую. Синхронные или фазочувствительные детекторы работают при фазовом сдвиге 0° / 180°, а отклонение фазы на единицы градусов проявляется искажением тестовых синусквадратичных импульсов (причем речь идёт также о базовой линии и исходной полярности, так как при изменении фаз на 180°, по определению, изменяется полярность выпрямленного напряжения). Следует отметить, что нелинейность сквозной фазовой характеристики тракта, возрастающая параллельно с ростом крутизны АЧХ в области высоких частот, может приводить к «оконтуриванию» монохромно отображаемого сигнала, что может использоваться в качестве средства морфометрии вместо обработки по Киршу, Собелю, Превиту питов или лэддерно-идентифицируемых элементов в сканограмме сигнала. Колебательные процессы на плоской части кодовых импульсов общего сигнала на средней части спектра сигнала с частотой колебаний, адекватно соответствующей частотному срезу АЧХ, могут также служить опорной величиной, однако только для методов типа FRAP и иных сравнительных флуоресцентно-кинетических измерений (имеется в виду, несомненно, число периодов затухающего переходного процесса, зависящее также от тракта, следовательно, требующее учета его в калибровке аналоговой сиквенс-системы в целом). На шкале времен отклонение времени задержки, следовательно – косвенно, параметра точности измерений не должно превышать 5 наносекунд (в случае построчного изменения фазы в ходе сканирования) или 30 наносекунд (в случае менее метрологически-оптимальной – частотной модуляции)[8], что может быть зафиксировано стробоскопическим осциллографом достаточно старого модельного ряда (мы использовали двухканальный типа С7-16 с модифицированной вычислительной приставкой).

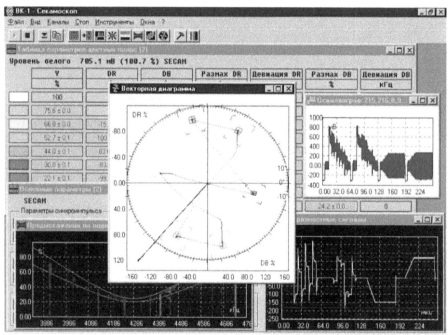

Рис.2. Программная имплементация секамоскопа (ВК-1).

Передача визуализируемого сигнала. Передача может осуществляться по двум (и более) каналам, соответствующим двум (и более) кабелям, обеспечивающим трансляцию сигналов с различными колориметрическими компонентами; соответственно, речь идёт о трансляции не композитного, но компонентного сигнала. При этом, при использовании наиболее простых и хронологически ранних интерфейсных систем, поднесущая колориметрируемого (цветового) сигнала может коммутироваться раздельно к базовым колориметрируемым

---

[8] Изложение принципов действия систем декодирования сигнала приведено по изданию: Лаврус В.С. Практика измерений в телевизионной технике. Москва – Киев: СОЛОН – Наука и техника, 1996, 192 с.

компонентам – с целью уменьшения перекрестных помех или, коррелятивно, кросс-наводок.

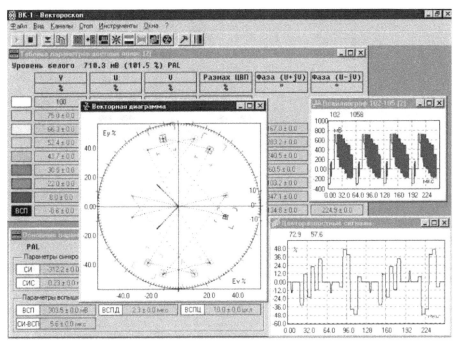

Рис. 3: Программная имплементация вектороскопа в системе ВК-1, поддерживающей также режим секамоскопа.

Надо сказать, что использование данной технологии позволяет записывать сигналы колориметрического типа дескрипторов и люксметрического / фотометрического типа дескрипторов (яркости и цвета) дифференциально, благодаря чему создается возможность анализа как количественных, так и качественных отличий аналитического сигнала продуктов секвенирования путем записи их в массив (магнитную ленту) неидентичными группами головок на точно дифференцируемых и идентифицируемых (по характеристикам сигнала) дорожках. Нами, в частности был внедрен метод, в рамках которого магнитофон типа ВЕТАСАМ являлся регистратором качественных и количественных изменений в аналитическом сигнале на активном ПЗС- или КМОП- чипе. Можно построить такую мультиосциллографическую / мультивектороскопическую систему, в которой одновременно будут регистрироваться два дифференциальных колориметрических канала для по-разному окрашенных секвенируемых «аналитов» и один люминометрический / люксметрический канал количественной оценки, по которому также транслируются фазовые синхроимпульсы. Специалисту очевидно, что разностными каналами (по синему и красному, как правило) в этой схеме являются каналы B-Y и R-Y, где Y – канал яркостных измерений и трансляции синхроимпульсов.

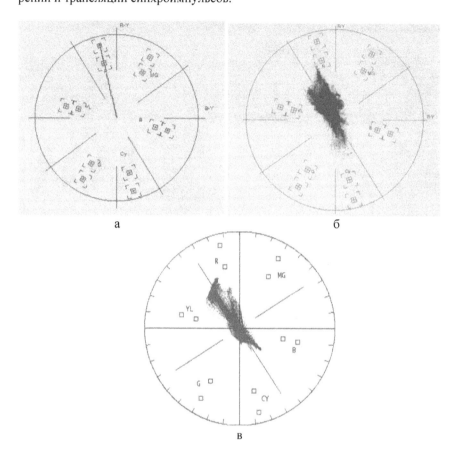

а   б

в

Рис. 4: Высокодостоверная (векторная узкополосная) идентификация с попаданием в сектор по центру – а. Такая регистрограмма может быть получена для однородной / однотипной по окрашиваемости и люминансу среды семантид. Регистрограмма с высоким коэффициентном неопределенности, выходом облака точек за рамки секторов или квадрантов / октантов идентификации векторограммы – б. Пример для иллюстрации принципа идентификации в смеси, где имеются как красноокрашенные, так и синие, причем различные по люминансу и тону семантиды – в.

В целях статистического анализа распределений рационально применять многоканальные колориметрические методы, соответствующие по числу каналов числу возможных спектральных под-диапазонов свечения метки. Естественно, номенклатура B-Y и R-Y[9] не исчерпывает реальных потребностей молекулярной биологии, но является для описываемых вариаций методик секвенирования только удачной демонстрацией принципов / технологий преобразования и передачи данных.

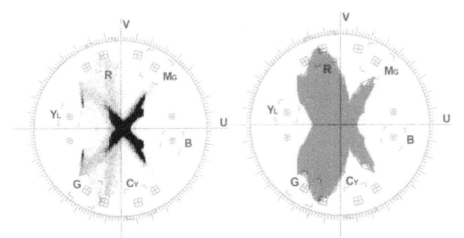

Рис. 5: Пример для иллюстрации принципов стехиометрического \ рациометрического фотоколориметрического детектирования при наличии комплементарно фиксируемых типов (например – оснований) семантид, окрашиваемых противоположными красителями.

Проблемы преобразования визуализируемых / анализируемых данных. Принципиально реализуемы несколько вариаций преобразования сигнала, от которых зависят координаты на вектограмме и коммутация вектороскопа к установке телекино- или видеосеквенирования. В случае использования коммутации фаз с двумя поднесущими (реализуемой черезстрочно – по третьим строкам для обеспечения достаточной дискретизации по фазе ($0°$, $0°$, $180°$, $0°$, $0°$, $180°$) при использовании пары поднесущих частот, периодически чередуемых через строку сканирования), рационально использовать (и, по факту, ипользуется) преобразование сигнала в «псевдо-фазовый» сигнал, детектируемый раздельно или дифференциально в три цветовых колориметрируемых и один яркостный. Очевидно и естественно, что преобразование данных (аналоговых) осуществляется не изменением коммутации, а преобразователем сигнала, вход которого является входом от системы с коммутацией фаз с двумя поднесущими (см. выше), а выход – выходом компонентного / многоканально-спектрозонального сигнала произвольного формата. Преобразователи типа TDA 3300/3030, 356.../359..., а также выпускавшиеся ранее в СССР МЦ41 (на КР1021ХА3, КР1021ХА4) или ТАУРАС 61ЦТ402Д (микросхемы типа 174 ХА

---

[9] Недостающая информация о зеленом G канале извлекается вычитанием цветоразностных колориметрических сигналов (т.е. B-Y и R-Y) из яркостного «люминометрируемого» или «люксметрируемого».

13

33 {TDA3505,XA992} (К) К174ХА32 {TDA4555}) позволяют реализовывать указанную в тексте транскодировку форматов. Соответствующий класс устройств называют, адекватно их функции, транскодерами, хотя эквивалентные функции инверсно выполняет видеопроцессор TDA3505 (со входами для люминометрического / люксометрического и колориметрического дельта- сигнала) и бидекодерная система TDA4555, а также – «гибридные» однокристальные процессоры-декодеры (например – 1021ХА4 / TDA3562). Имплементируемые с их помощью методы «аналоговой биоинформатики» реального времени позволяют избежать потребности в цифровых конвертерах данных и кодеках, обеспечивающих совместимость ЭВМ установки с соответствующими файловыми форматами, являющимися продуктами предварительной, не осуществляемой, по определению, в реальном времени оцифровки. К сожалению, множество подобных приборов, специально адаптируемых для видеосеквенирования, является в данное время патентоёмким предметом интеллектуального права и, исключая ссылки на служебные документы, не находящиеся в открытом доступе, не может быть рассмотрено здесь.

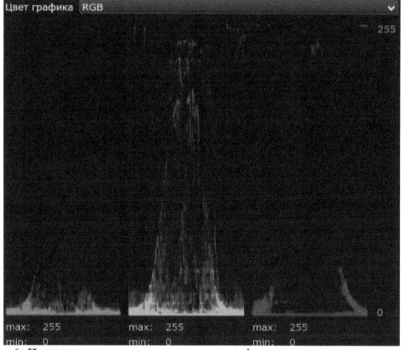

Рис. 6: Пример различия по люминансу в профилях колориметрически отличных каналов для иллюстрации принципа неидентичности высвечивания при селективном окрашивании

(данный пример, заимствованный из сетевых источников, выполнен не на профиле сиквенса семантид и носит исключительно учебный характер).

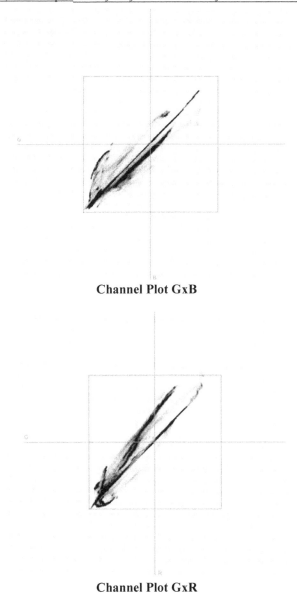

Channel Plot GxB

Channel Plot GxR

Рис. 7: Независимость принципов корреляционной спектрозональной кодировки от координат визуализации. Не только в координатах делимой на секторы окружности, не только в полярных координатах, но также в прямоугольных координатах R-G-B значение угла к осям как метрологического и диагностического дескриптора сохраняется.

Проблемы спектрально-фазовой идентификации отдельных каналов строчной развертки видеосеквенатора. Одними из распространенных красителей генетического назначения либо одними из источников возбуждения (в зависимости от использования позитива или негатива в анализе кинетического видеосиквенса) являются красные красители. Первые системы были «заточены» под гелий-неоновые лазеры красного диапазона. Неспецифичными красителями в колориметрической калибровочной кассете являлись наиболее элементарные красители, по спектральным критериям вписывающиеся в красный канал – такие, как родамин. Инверсия и «негативизация» цветового изображения позволяла работать как со спектрозональными либо выделенными и бинаризованными по градиенту паттернами абсорбционного режима работы (поглощение), так и с прямыми паттернами эмиссионного анализа (обычно флуоресценция). Ниже нами будет рассмотрена фазовая разностная аналитика на красном канале. При подаче сигнала цветности R-цветоразностный сигнал повторяется в следующих строках с поворотом фазы на 180 градусов. Для устранения фазовой ошибки декодер складывает текущую строку и предыдущую (из памяти[10]), благодаря чему устраняет фазовые ошибки, типичные для ряда имплементаций видеосеквенаторов на системах NTSC. При сложении двух сигналов взаимно уничтожаются R-цветоразностные компоненты из-за изменения знаков. При вычитании двух сигналов взаимно уничтожаются (видеоинж. жарг.: «аннигилируются») B-компоненты, вследствие чего, на выходах сумматора-вычитателя получаются разделённые сигналы U и V, являющиеся, по существу, масштабно изменёнными R-Y и B-Y. Следует подчеркнуть, что «ошибающиеся» и требующие подобного рекодирования системы NTSC-типа являются предшествующими для систем фазового типа (PAL), что позволяет говорить о частичной совместимости форматов в случае видеосеквенирования того и другого типа.

По существу, модуляция по амплитуде поднесущей двумя разностными сигналами при использовании данного подхода производится путём квадратурной модуляции, при которой поднесущая делится на две составляющие, сдвинутые одна относительно другой по фазе 90°. Одна компонента модулируется R-разностным сигналом, другая компонента B-разностным, а несущая частота модулированных таким путём сигналов полностью подавляется, оставляя только боковые полосы. В случае коммутации фаз с двумя поднесущими (черезстрочно – по третьим строкам для обеспечения дискретизации по фазе (0°, 0°, 180°, 0°, 0°, 180°) на паре поднесущих частот, периодически чередуемых через строку сканирования), фазовый анализ является технически-сопряженным с колориметрическим, поскольку в период / фазу, когда в строке A_1 передается или считывается сигнал R-спектрозонального канала, в строке A_2 идет передача или считывание B-спектрозонального канала, в строке A_3, соответственно, передача или считывание G-спектрозонального канала и далее по циклу по всей площади развертки. В качестве импульса синхронизатора в фазовых системах использу-

---

[10] В аналоговых видеосеквенаторах вместо памяти разностно-спектрозональной развертки по строкам возможно использовать ультразвуковую линию задержки, субституирующую функции оперативной памяти RGB-строк. Для правильного суммирования и вычитания необходимо, чтобы прямой и задержанный сигналы находились в фазе или в противофазе. Это достигается только в случае задержки на целое число полупериодов поднесущей.

ют подачу 8-10 импульсов / периодов колебаний опорного генератора на заднем плато строчного гасящего импульса, что может рассматриваться как возмущение (burst) поднесущей цветового сигнала («colorburst»), обладающее определенными фазовыми свойствами. В противовес NTSC, где фаза импульсов такого типа инвариантна (константна)[11], в PAL она изменяется от строки к строке на 90°, неся информацию о фазе R-компоненты поднесущей. В целях удаления частей спектра сигналов в диапазонах поднесущих частот используют, в большей части работ, режекторные полосовые фильтры.

Следует отметить, что при кабельной передаче / трансляции сигнала детектируют радиочастоты в диапазоне метровых и дециметровых волн, как правило, с использованием транспондеров / мультиплексов, по сравнению с абсолютными частотными диапазонами приёмопередачи или радиочастотного канала в целом, частота полосы которых пренебрежительно мала (диапазон, в принципе, может не иметь стандартизированных значений радиочастотных границ). В этом случае целесообразно говорить о частотной модуляции.

Строго говоря, модуляция поднесущей разностными сигналами использует, стандартно, частотную модуляцию, причем поднесущие частоты находятся внутри диапазона частотного спектра яркостного сигнала, поэтому при приеме цветного изображения на экране становятся заметными помехи от поднесущих (в аналоговых системах с перекрестными искажениями по каналам цветности и по поднесущим, в частности), которые можно использовать как метрику пространственной калибровки мониторируемого паттерна. В случае коммутации фаз с двумя поднесущими (по третьим строкам для обеспечения дискретизации по фазе (0°, 0°, 180°, 0°, 0°, 180°) на паре поднесущих частот, периодически чередуемых через строку сканирования), возникает дополнительная помеха в силу биений поднесущих частот сигналов цветности. В связи с этим, в NTSC применяются не цветоразностные сигналы, а их линейные комбинации, поскольку неискаженная независимая передача двух видеосигналов, передаваемых методом квадратурной модуляции, возможна только при сохранении квадратуры, т.е. - сдвига между сигналами, равного 90°. Таким образом, речь, в некотором смысле, идет и о квадратурной, и о частотно-фазовой модуляции. При этом, исходя из данных спектроскопии сиквенс-сигнала, можно определять характеристики аналита через характеристики сигнала его детестирования (номинальная ширина полосы частот люминометрического либо люксометрического сигнала составляет 4,2 МГц, колориметрическая поднесущая модулируется двумя цветоразностными сигналами, один из которых транслируется в полосе частот 0...600 кГц, занимая две боковые полосы, а второй транслируется в по-

---

[11] Два разностно-колориметрических сигнала, поступая раздельно на модуляторы (которые, с точки зрения радиотехники, спроектированы по балансной схеме), модулируют напряжение одной поднесущей частоты, но фазы напряжений сдвинуты на 90 градусов. Это означает, что выходные напряжения модуляторов пропорциональны произведениям входных напряжений, а поднесущая частота активно подавляется. Выходные напряжения модуляторов подаются в блок сложения и образуют полный сигнал цветности, который изменяется как по амплитуде, так и по фазе, тогда как амплитуда колориметрируемого сигнала «цветности» определяется насыщенностью, а фаза сигнала – оном.

лосе частот 0..1.4 МГц с частично подавленной верхней боковой полосой). Зная спектр сигнала яркости, можно получить информацию в моноканале за счет суммации / наложения спектра колриметрируемого сигнала на поднесущей частоте на спектр сигнала яркости и последующего дифференциального анализа (колориметрируемый сигнал может быть получен из сигналов RGB-цветов сложением в определенной пропорции: R - 30%, G - 59% и B - 11%; в то же время сигнал люксметрии / люминометрии соответствен монохромному сигналу (произвольному или т.н. «черно-белому», для которого спектрально-сопряженные колориметрические свойства не имеют значения, хотя регистрация ведется, для некоторых задач, с использованием цветных или, как минимум, спектрозональных фильтров, в простейшем случае – байеровского типа).

По существу, проблема идентификации последовательностей биополимеров по данным «аналоговой биоинформатики» сводится к проблеме обнаружения и идентификации сигнала, соответствующего той или иной модуляции, соотносимой с колориметрическими опорными данными. При этом результаты идентификации должны быть инвариантны к полярности, так как полярность модуляции видеосигнала определяет, какой уровень соответствует «чёрному фону», а какой – «белому» источнику свечения; при этом полярность модуляции может быть «негативной» и «позитивной» (при негативной полярности максимальная яркость / «уровень белого» соответствует минимальной амплитуде модуляции волн несущих, а при позитивной максимальной амплитуде модуляции. Для декодирования позитивной модуляции аналоговой регистрограммы возможно использовать устройства с цепью-инвертором импульсных помех и, соответственно, импульсных по природе сигналов, в которых т.н. «порог инвертирования» варьировался регулятором, выполненным в формате агометра / потенциометра / реостата. На отображаемом монитором паттерне (при низком люксметрическом пороге) соответствующие зоны или паттерн в целом могли визуализироваться в формате негатива. Нами применялись в данных работах не устройства производства Великобритании и Франции 1960-х гг, и даже не их аналоги по принципиальной схеме, а автономные блоки на современных микросхемах с питанием, подаваемым по универсальной серийной шине, USB (разработка Ф.А. Насирова).

Секамоскопическая аналоговая биоинформатика на базе кросс-коммутации фаз с двумя поднесущими. Существенную долю доступного парка оборудования, которое оптимально по техническим характеристикам для имплементации подходов «аналоговой биоинформатики», как показывает практика, составляют устройства с коммутацией фаз с двумя поднесущими в рамках стандарта «последовательного оцветнения с памятью», отличающиеся полярностью модуляции (SECAM-L – позитивная, SECAM-K1, SECAM B/G, SECAM D/K – негативная), а также техническими деталями в записи (например, использованием дополнительного, как и в системах PAL, гетеродина для переноса спектра сигнала в низкочастотную область стандарта MESECAM, причем сохраняются избыточные для стандарта фазовые данные, тогда как для имплементации

SECAM позитивным моментом является именно отсутствие избыточных для передачи паттерна данных и, соответственно, упрощенная конфигурация, при использовании которой в аналоговых декодерах не требуется использование кварцевого резонатора, а линия задержки, работающая в ультразвуковом диапазоне, может иметь некритические отклонения времен задержки до 30 наносекунд, а не до 5 наносекунд как в случае фазовой регистрации в системе PAL, дословно дешифруемой как построчное изменение фазы). Как следствие этого, в качестве регистратора аналитического сигнала целесообразно использовать секамоскопы, а не стандартные вектороскопы (в случаях, когда исходный сигнал соответствует физическими параметрами требованиям стандарта SECAM).

Стандартная работа с секамоскопом (а таких приборов сохранились единицы), согласно регламентам видеоинженерии 1970-х – 1990-х гг. (и до начала 2000-х включительно) имеет в качестве оконечного результата и промежуточных целей следующие позиции: определение и расшифровку (по визуализации на электронно-лучевой трубке) амплитудной характеристики тракта; построение амплитудных характеристик при различных положениях коммутаторов гамма-корректоров (по сигналу градаций яркости, соответствующему лэддерным методам на чипе при анализе методами «аналоговой биоинформатики секамоскопического сиквенса»), в ходе чего также реализуется калибровка устройства; контроль монохромных сигналов (если речь идёт о контрастиметрическом пороговом детектировании, в частности) с кодирующими устройствами и блоками синхрокомплекта (со специальными генераторами, но при нажатой кнопке отключения частотной модуляции в кодирующем устройстве); контроль сигналов по метрологическим и квалиметрическим критериям при распределении сигнала с усилителей – распределителей с выхода монтажного комплекса на коммутатор, причем на выходе кодера сигнал распределяется на секамоскоп, с одного из коммутаторов сигнал подается на монитор и установку контроля параметров, а на входы второго подаются сигналы камер регистрации, что подаются на монтажный комплекс (элиминируемый из комплектации системы в случаях элементарных экспериментов по видеосеквенированию / телесеквенированию); кодирование в стандарт MPEG при оцифровке регистрограмм (сигнал подается на секамоскоп, модулятор аналоговой головной станции и кодер MPEG-2, на выходе которого действует транспортный однопрограммный поток по интерфейсу ASI, причем секамоскоп предназначается в системах такого рода для контроля выходного сигнала). Так, приложение В регламента (информационное) гласит следующие позиции[12].

Работа с секамоскопом.

Секамоскоп ПБ-100 предназначен для: измерения размаха ПЦТС и уровней его составляющих. Секамоскоп имеет два режима синхронизации – внутренняя и внешняя синхронизация. При внешней синхронизации на вход синхронизации секамоскопа подаётся сигнал синхронизации приёмников (ССП) от-

---

[12] Источник: http://5fan.ru/wievjob.php?id=16261

рицательной полярности размахом 2-3 В. Внутренняя синхронизация обеспечивается за счет выделения синхроимпульсов из измеряемого ПЦТС. Переключение режима синхронизации осуществляется коммутатором «Внеш./Внутр.» в блоке синхронизации ПВ-177. У секамоскопа есть 2 входа ПЦТС. «Вход I» – находится на задней панели. «Вход II» – на передней панели в блоке ПВ-171. Переключение между входами осуществляется с помощью коммутатора входов на этом же блоке.

Передняя панель В блоке ПВ-171 есть коммутатор, с помощью которого ПЦТС проходит разные цепи этого блока. Например, при нажатии на кнопку «ЕМ» на экране секамоскопа будет отображаться ПЦТС. При нажатии на кнопку «ЕУ» на экране будет яркостный сигнал. При нажатии на кнопку «ЕС» – сигнал цветности, при нажатии «FAM» и «FKOP» демодулированные сигналы цветности до фильтра «клёш» и после него соответственно. При нажатых кнопках с индексом «Е» производятся измерения амплитуд и уровней, выраженных в вольтах, при нажатых кнопках с индексом «F» – измерение частот и девиаций. В блоке формирования ПВ-176 производится выбор длительности измеряемого сигнала при нажатой кнопке «СТРОБ.» секамоскоп отображает две строки, выбираемые с помощью кнопок «быстро вверх», «медленно вверх», «медленно вниз», «быстро вниз».

В режиме «вертикальное поле» на экране секамоскопа отображается красные и синие строки в интервале всего поля. В режиме «КАДР» - два поля. В режиме «СЦС» - сигналы цветовой синхронизации, передаваемые в полевых гасящих импульсах ПЦТС системы SECAM. Выбор 17,18 и 330,331 строк в секамоскопе не имеет жесткой привязки к той или иной кнопке, переход от одной пары испытательных сигналов к другой производится путем переключения кнопок «ИС-I», «ИС-II». Для удобства проведения измерений в секамоскопе используется измерительная линия. В ручном режиме работы уровень измерительной линии изменяется с помощью регуляторов «НАСТР.» и «НАСТР.» на блоке ПВ-172. В автоматическом режиме измерительная линия автоматически выравнивается с уровнем того участка сигнала, на котором находится стробирующий импульс.

Управление местоположением стробирующего импульса производится с помощью регулятора «СТРОБ.»на блоке ПВ-177 Переключение режимов работы осуществляется с помощью коммутатора «Авт./Ручн.» в блоке автоподстройки ПВ-172. Уровень измерительной линии показывается на электронном табло, расположенном под экраном секамоскопа.

9.3.1 Определение параметров полного цветового телевизионного сигнала

9.3.1.1 Определение размаха составляющих полного телевизионного сигнала производится в режимах «EY» и «ВЕРТ. ПОЛ.».При этом на экране появляется изображение двух строк полного телевизионного сигнала, рисунок 12. Необходимо совместить регуляторами «НАСТР.» и «НАСТР.» измерительную линию с измеряемым уровнем ПТС.

9.3.1.2 Контроль Полного цветового телевизионного сигнала производится в режимах «EM» и «СТРОБ.». При этом на экране появляется изображение двух строк ПЦТС, рисунок 13.

9.3.1.3 Определение размаха сигнала цветовой синхронизации производится в режимах«EM» и «СЦС». При этом на экране появляется изображение сигналов СЦС в двух строках, рисунок 14. Рисунок 14 – Сигнал СЦС

9.3.1.4 Определение размаха сигнала на строчном гасящем импульсе производится в режимах «EM» и «СТРОБ.». Производится измерение размаха сигнала НЦП в красной строке (рисунок 13.)

9.3.1.5 Определение частот немодулированных цветовых поднесущих (частоты покоя): Производится в режимах «FAM» и «СТРОБ.»На экране появляется изображение демодулированных сигналов цветности красной и синей строки, рисунок 15. Измерительную линию необходимо совместить с уровнями сигналов цветности при передаче белого (в начале строк).

9.3.1.6 Размах полного телевизионного сигнала UП определяется разностью между максимальным уровнем сигнала яркости и уровнем в точке S1, расположенной на середине вершины синхронизирующего импульса, рисунок 16. Рисунок 16 – Полный цветовой телевизионный сигнал (вверху) и его вид при включении фильтра 0-2 МГц (внизу).

9.3.1.7 Размах сигнала яркости UY определяется разностью между максимальным уровнем сигнала яркости и уровнем сигнала в точке S2, отстоящей от среза синхронизирующего импульса примерно на 2 мкс, рисунок 16.

9.3.1.8 Размах строчного синхронизирующего импульса UC определяется разностью между уровнями сигнала в точках S1 и S2, рисунок 16.

9.3.1.9 Размах СЦС (UR в красной строке и UB в синей строке) определяется разностью уровней, соответствующих экстремальным значениям цветовых поднесущих, передаваемых в 7-15 (320-328) строках гасящих импульсов полей, рисунок 14.

9.3.1.10 Измерение максимального размаха сигнала цветности (UСЦ) проводится в красной строке, рисунок 16.

9.3.1.11 Размах ПЦТС UПЦТС определяется косвенно суммированием размахов сигнала яркости (Uy), размаха синхронизирующих импульсов и максимальной амплитуды сигнала цветности UСЦ (в КС) на строчном гасящем импульсе (СГИ):
Uпцтс= Uy + Uc + 0,5UСЦ (1).

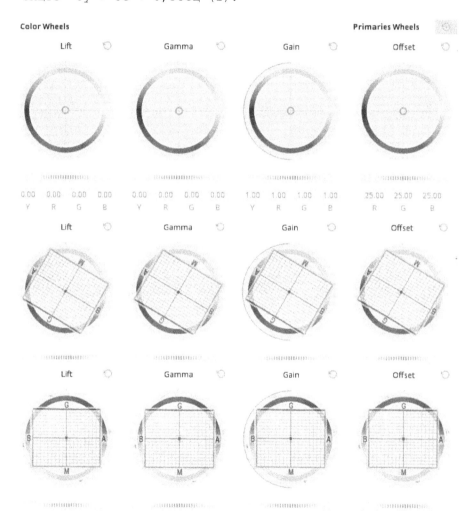

Рис. 8: Новые типы координатных сеток цифрового вектороскопа с угловым вращением по данным Alien Skin Software's new Exposure X (DaVinci Resolve 12).

Рис. 9: Пример векторогораммы с двумя угловыми дескрипторами в пространстве координат при 75% насыщенности сигнала.

Стандартный формат работы с секамоскопом выглядит так: запускают многоканальный «скоп» и регистрируют разбежку яркость-цветность-синхро, отфильтровав то, что нужно для каждого канала, засинхронизировавшись по опорному сигналу (обычно – яркости). Обычно в качестве секамоскопов в странах быв. СССР / СНГ используют аппараты типа ПБ-100 (НИИ телевидения, Россия, 194021, С.-Петербург, ул. Политехническая, 22) и зарубежные аналоги. Это соответствует официальному определению секамоскопа (Секамоскоп ... 1. «Прибор для осциллографического контроля и измерения частотных и амплитудных параметров полного цветового видеосигнала системы СЕКАМ»), по ГОСТ 21879-88 («Телевидение вещательное. Термины и определения»). Вариант крепления секамоскопа в полноценной крейтовой стойке (С-1426), пригодной для нужд аналоговой видеобиоинформатики, показан на рис. 1-а, а его детализации – на рис. 1-б, рис. 1-в[13]. Программная имплементация секамоскопа (ВК-1) дана на рис. 2. Программная имплементация вектороскопа в системе ВК-1, поддерживающей также режим секамоскопа, показана на рис. 3.

---

[13] Комментарий из сети «редкая разновидность индикаторов на секамоскопе ПБ-100 в комплекте стойки С-1426 генератора телевизионной испытательной таблицы. В аппаратном зале РТПС ... данная стойка случайно попала и использовалась в качестве генератора УЭИТ в случае отсутствия сигнала от студии, ну и просто для проверки передатчиков.

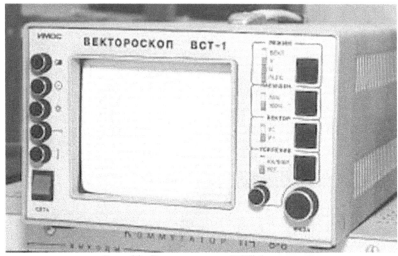

Рис. 10: Вектороскоп ВСТ-1 на трубке
15ЛО8И с «беспараллаксной» сеткой.

Вектороскопическое секвенирование. Вместе с тем, как было указано ранее, развитием аналоговой биоинформатики \ аналоговой идентификации семантид в цветовом пространстве в наиболее общем варианте является комплекс методов вектороскопической обработки RGB и т.п. спектрозональных сигналов, подаваемых по соответствующим компонентным каналам. Для пояснения принципов работы спектрозонально-вектороскопического секвенирования на чипе с фильтрами Байера приводится ряд иллюстраций, имеющих дидактический характер, а не характер результирующих молекулярно-биологических данных описываемого метода. На рис. 4-а демонстрируется пример достоверной (векторно-узкополосной на регистрограммах) идентификация с попаданием в сектор по центр; пакая регистрограмма может быть получена для однородной / однотипной (как правило, «гомополимерной») по степени окрашиваемости, люминанса среды семантид. Регистрограмма с высоким коэффициентном неопределенности, выходом облака точек за рамки секторов идентификации векторограммы показана на рис. 4-б. Один из наиболее убедительных примеров для иллюстрации принципов идентификации в смеси, где имеются как красноокрашенные, так и синие, причем различные по люминансу и тону семантиды, может быть продемонстрирован на рис. 4-в. Для того, чтобы обеспечить для аналитических целей реализацию пропорционального детектирования, то есть регистрации, в процессе которой уровень аналогового аналитического сигнала соответствует концентрации отвечающего ему вещества, используются стехиометрические красители либо красители для люминометрического / хемилюминесцентного или спектрофлуориметрического анализа. Как пример к иллюстрации принципов стехиометрического и рациометрического детектирования при наличии комплементарно фиксируемых кодирующих элементов семантид (например – в случае нуклеиновых кислот – оснований), окрашиваемых противоположными красителями, можно рассматривать модельную картинку, показанную на рис. 5. Иной пример различия по люминансу в профилях колориметрически-различимых каналов для иллюстрации принципа неидентичности высвечивания при селективном окрашивании (данный пример выполнен не на профиле сиквенса семантид) дается на рис. 6. Для паттернов векторограмм, показанных на рис. 5, и их аналогов, с точки зрения качественной визуализации, характерна независимость принципов корреляционной кодировки от координат визуализации, так как не в координатах делимой на секторы окружности, но в прямоугольных координатах RGB и цветоразностных схемах, значение угловых и тангенциальных характеристик ведущих векторов (по осям XY / XYZ в трехмерной репрезентации) как метрологического сигнала сохраняется. Это показано на рис. 7. При вращении прямоугольных сеток относительно нуля координат, при гомотетии сигнальных пространств, при аффинных преобразованиях данный принцип выполняется без исключений. Пример одного из таких преобразований приведен на рис. 8.

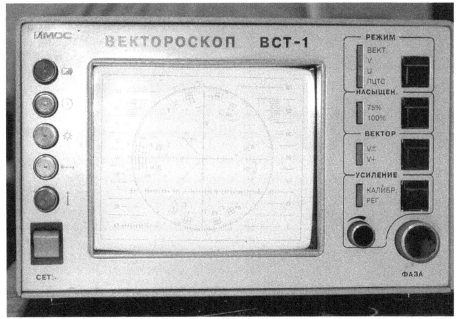

Рис. 11: Изображение в фас приборной панели ВСТ-1 с хорошо визуализируемой безпараллаксной сеткой над люминофором электронно-лучевой трубки.

Одной из наиболее стандартных для постсоветских государств имплементаций системы вектороскопии являются вектороскопы типа ВСТ-1 на трубке 15ЛО8И с «беспараллаксной» сеткой и разметкой стекла над слоем люминофора под вектороскоп. Прибор адаптирован для анализа сигнала систем с фазовой строчной цветопередачей (PAL) и обеспечивает анализ не только амплитудных, но и фазовых соотношений. Требуемые погрешности измерения при допусковом контроле амплитудно-фазовых соотношений обеспечиваются калиброванными коэффициентами передачи внутренних трактов аппаратов и шкалой беспаралаксного отсчета электронно-лучевой трубки. Данный прибор может анализировать паттерны декодированных цветоразностных сигналов (обоих каналов / типов), причем обеспечивает количественное, но качественное (репрезентативное с квалиметрических позиций) детектирование не только на стандартной 100% насыщенности, но и на неполной 75% (пример сигнала такого рода с 2-мя угловыми дескрипторами и тремя векторными «стрелками» распределений приведен на рис. 9), что может, в частности, достигаться путем использования режимов работы вектороскопа с регулируемым коэффициентом передачи внутреннего тракта. К тематике инвертирования в вектороскопическом секвенировании, в частности при переходе SEU (Single Event Upsets) по данным радиоавтографического секвенирования, в «машиночитаемую» форму импульсного сигнала определенной полярности, с точки зрения импульсно-счетной техники, рационально указать, что ВСТ-1 реализует в одном из режимов гашение сигналов с инверсной фазой. При этом возможно реализовывать также работу от внешнего сигнала опорной частоты, что даёт возможность расширенной калибровки. Существующие в настоящее время на рынке версии цифровых генераторов сигналов специальной формы, в которых форма сигнала задается как из существующих встроенных библиотек, так и из файлов, созданных пользователем, могут способствовать созданию систем калибровки с использованием собственных сигналов неких опорных препаратов или оптимальных режимов известных высокочувствительных камер. В случае использования режимов с программируемой формой сигнала намного легче перейти от экзотической вектороскопической вариации обычного геномного секвенирования к XNA-секвенированию и, в перспективе, полимеромному (при этом – не масс-спектрометрическому секвенированию) в целом.

Табл. 1: Технические характеристики ВСТ-1.

1. Границы зон допустимых значений положения радиус-векторов (по трафарету ЭЛТ), соответ-ствующих основным и дополнительным цветам: по амплитуде, % по фазе, градус	±5 и ±20 ±3 и ±10
2. Основная погрешность контроля положения радиус-векторов для основных и дополнитель-ных цветов, не более: по амплитуде, % по фазе, градус	±1,5 ±1
3. Потребляемая мощность, ВА	25
4. Габаритные размеры, мм	221x132x500
5. Масса, кг	9

Изображения вектороскопа ВСТ-1 приведены на рис. 10, 11 (на последнем много лучше определяется разметка электронно-лучевой трубки с безпараллаксной сеткой). Технические характеристики прибора приведены в таблице 1.

Не следует, однако, полагать, что возможности вектороскопического секвенирования, в перспективе, ограничиваются форматами сигнала в координатах, размеченных на трубках на стандартных вектороскопах со статической сеткой, обеспечивающих анализ одного формата сигналов (SECAM, PAL, NTSC etc.). В принципе, для извлечения различных «дескрипторов» из сигнала методами мультипараметрической «аналоговой видеобиоинформатики» можно (в параллель или на разветвлении с усилителями-преобразователями) использовать комплексно несколько вектороскопов и / или иных анализаторов сигнала, визуализирующих комплексно-сопряженные характеристики сиквенса либо группы компаративно-анализируемых (подобно BLAST) сиквенсов. Для этого необходимо, прежде всего, ознакомиться с существующими на данный момент вариантами технико-метрологических визуализаций сигнала на устройствах типа вектороскопов.

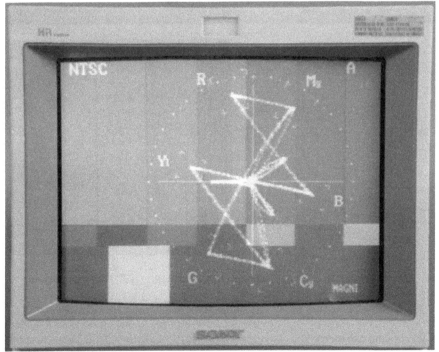

Рис. 12: NTSC-вектороскоп с встроенной визуализацией шкалы цветовой настройки, не содержащий жестко-гравированной шкалы и не имеющий проблем с устранением параллакса, поскольку проекция координат RGB осуществляется в полностью цифровом формате из памяти устройства.

Форматы визуализации локализуемых сигналов вектороскопического секвенирования. В большинстве относительно современных вектороскопов жесткой гравированной на стекле сетки не существует (либо она носит вспомогательное значение – только для визуализации в условных единицах промеряемого уровня сигнала). Как пример можно привести вектороскоп NTSC-формата, показанный на рис. 12.

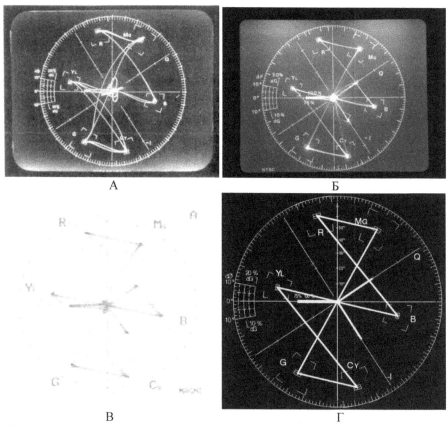

Рис. 13: Эволюция качества отображений сигнала в NTSC-вектороскопии.

В данном устройстве проекция сетки RGB-координат на CRT осуществляется в полностью цифровом формате из памяти устройства. Проследить в деталях эволюцию технических решений NTSC-вектороскопической визуализации можно на рис. 13. На рис. 13-а показана архивная полностью аналоговая регистрация образца 1970-х – 1980-х гг.; устройства этого периода обладали температурной нестабильностью и достаточно высокой инерционностью электронного пучка, что, вполне очевидно, отражается на паттерне (см. иллюстрацию). Во второй половине 1980-х гг. – начале 1990-х гг. вошли в употребление цифровые вектороскопы и гибридные аналоговые вектороскопы с цифровым управлением. В качестве примера малоинерционного дискретного паттерна такого прибора можно привести регистрограмму, показанную на рис. 13-б. Аналогичную эволюцию проделали устройства на платформе ЭВМ, входящие в состав специализированных программно-аппаратных комплекс для обработки изображений и видеосигналов трансляционного назначения, а также системы телекино и цифрового кино-/видео-постпродакшн. В период, когда источник данных выдавал аналоговый сигнал, который оцифровывался на АЦП рабочей станции, качество регистрации паттерна векторограмм соответствовало качеству аналогового оцифровываемого сигнала (рис. 13-в), который мог быть инерционным и зашумленным. С тех пор, как исходный сигнал стал цифровым, появилась возможность обрабатывать, по существу, RAW-файл регистрограммы, представляющий собой дискретное адаптированное для цифровой обработки представление информации, его «эмулируемое» вектороскопическое отображение стало «дискретнее, чище и линейнее» (см. рис. 13-г). Очевидно, однако, что как полностью аналоговые, так и «цифро-аналоговые» или полностью цифровые вектороскопы, являются устройствами «аналоговой». а не цифровой обработки сигнала / информации, а следовательно – устройствами аналоговой биоинформатики в случае применения их в системах полимеромного секвенирования, какие могут быть сооружены в будущем, на принципах колориметрического, люминометрического или флуориметрического детектирования на ПЗС- или КМОП- чипах как источниках сигнала спектрозональных каналов, индицируемых полюсами сетки вектороскопа. Однако, в данном случае, источником аналитической информации могут являться и иные параметры сигналов NTSC, откалиброванного по оптимальным весовым коэффициентам спектрозональных RGB-сигналов (см. табл. 2), а именно: частотно-импульсные характеристики (табл. 3, табл. 4).

Табл. 2: Весовые калибровочные характеристики NTSC по R-, G-, B-каналам («luminance weighting» и «chrominance weighting»).

Red (R)   29.9 %

Green (G)   58.7 %

Blue (B)   11.4 %

Luma (Y) = 0.299 × Red   + 0.587 × Green   + 0.114 × Blue

Chrominance Weighting

(R-Y) 90°   87.7 %
(B-Y) 0°   49.3 %
Chroma = 0.877(R-Y) × (3.58 MHz @ 90°)   + 0.493(B-Y) × (3.58 MHz @ 0°)

Табл. 3: Частотные параметры сигналов NTSC.

NTSC

National Television Standards Committee

Aspect Ratio   4:3

Resolution   450 x 340 Useable Analog
       (640 x 480 Digital-Pixels)

Channel Allocation   6 MHz

Video Bandwidth   4.2 MHz

Horizontal Freq.   15.734264 KHz

Vertical Freq.   59.94 Hz

Vertical Scan Lines 525

 (Interlace)   262.5

Chroma Subcarrier 3.579545 MHz (H/2 x 455)

 I Bandwidth   1.5 MHz 123° (Flesh)

 Q Bandwidth   **.5 MHz 33° (Indigo)**

Табл. 4: Импульсно-временные параметры NTSC (timing; источник табулированной информации: http://www.amstzone.org/ntsc/).

Timings

Horizontal		Vertical	
Scan	63.55 µS	Scan	16.68 mS
Image	53.39 µS	Image	15.25 mS
Front Porch	1.270 µS	Front Porch	190.7 µS
Sync Pulse	5.080 µS	Sync Pulse	190.7 µS
Back Porch	3.800 µS	Back Porch	1.049 mS
Blank	10.16 µS	Blank	1.430 mS

При этом возможно «физическое мультиплексирование», если по каналам поднесущей звукового сигнала (L+R Subcarrier 4.4999 MHz (Hx286)FM ±50 KHz Deviation; L-R Subcarrier 31.468528 KHz (H x 2) AM-SC on the (L+R) Sub-carrier) пустить дополнительный дескриптор-сигнал: например, электрохимический или молекулярно-акустический (например – SAW или УЗ-десорбционный *in situ*). Принципы расшифровки и идентификации основного сигнала не изменяются при этом. Есть однако возможности наложения этого сигнала через специальный преобразователь также на опорную координатную сетку, подобную показанной на рис. 14, но в этом случае принципы расшифровки не соответствуют принципам расшифровки сигнала в обычном случае, показанным на рис. 15.

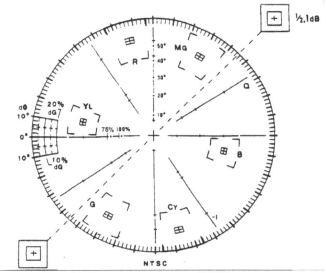

Рис. 14: Эталонная сетка NTSC-сигнала.

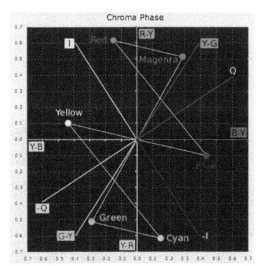

Рис. 15: Принципы расшифровки колориметрической информации.

Отличные от NTSC форматы визуализации колориметрического секвенирования могут быть также имплементированы на сетке вектороскопа. Одни из них имплементируют только на специализированных или неканонических вектороскопах с нестандартными координатами визуализации данных (как это показано на рис. 16 для «цветового вектороскопа-генератора», «Vectorscope Color Bar Generator V-7», выпускавшегося несколько десятилетий назад в США компанией Lectrotech Inc., Chicago), другие – на общеупотребительных видеовектороскопах, обладающих стандартной сеткой. Методы со стандартной сеткой могут быть расширены или комплексифицированы при использовании только основной угловой (гониометрической или секторной) разметки сетки, без использования меток / полюсов каналов или дескрипторов. В качестве примера можно привести NTSC-SD-HD-неидентичность векторограмм, данную на рис. 17-а, и многоугловые диаграммы с точками-дескрипторами на рис. 17-б, 17-в, 17-г.

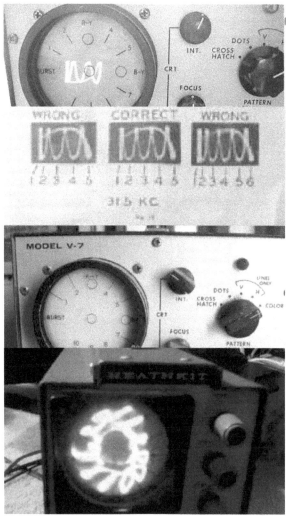

Рис. 16: Vectorscope Color Bar Generator V-7 - Lectrotech Inc.; Chicago IL

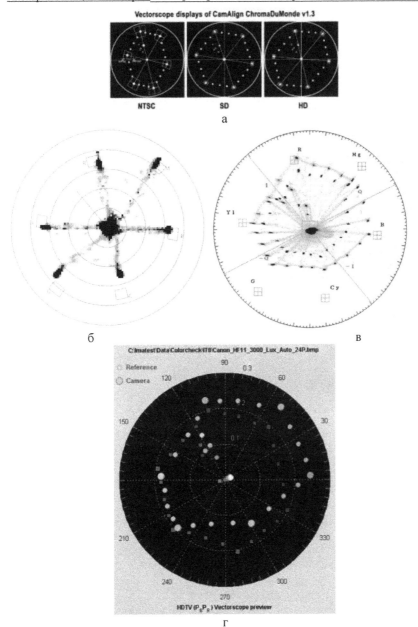

Рис. 17: *Альтернативные угловые / секторные интерпретации сеток с дискретными «пункт-дескрипторами», удобными для дифференциации различных типов носителей (как семантид, так и эписемантид).*

Рис. 18: Гибкое мультиформатное сопоставление гистограммы цветов и векторограммы в современных программно-аппаратных комплексах.

Наиболее эффективно осуществляется переход между форматами визуализации на едином экране (с электронно-лучевой трубкой / жидкокристаллическим / плазменным дисплеем -- инвариантно) в современных неразмеченных установках пострпродакшна с VGA-мониторами и многооконным программным обеспечением. На рис. 18 показан коллаж двух таких комплексов, демонстрирующий как на одном крайнем мониторе в стойке в случае использования такого программного подхода можно визуализировать как векторограмму, так и спекрозональную гистограмму. При этом возможно вместе с цифровой техникой применять аналоговую. Например, где 8 бит, восемь цветов либо спектрозональных суб-каналов и 16 ступенек (по 2 на цвет) как минимум. Наиболее плавные переходы обеспечивают аналог-интеграторы, а также *sin-cos*-генераторы на операционных усилителях, имплементированных в формате автономных блоков либо модулей (они реализуют как уровень черного, так и сигнал своего типа). По скорости же лидируют, несомненно, цифровые устройства.

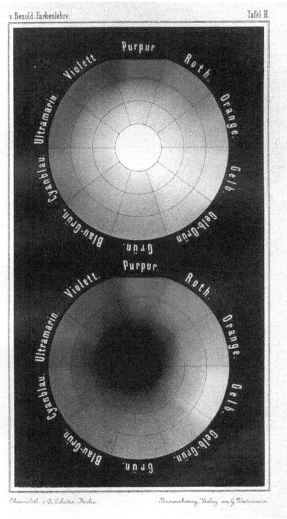

Рис. 19: Паттерн секторной визуализации колориметрической информации – наиболее ранний из обнаруженных авторами в открытом доступе (Wilhelm von Bezold's 1874, Farbentafel).

Поэтому для действительно количественного анализа данных секвенирования следует, в генеральном случае, делать акцент не на трехканальном вектороскопическом паттерне, а на полновесной колориметрической стехиометрической аналитике, хотя и с колокализацией над полем секторной / мультугловой сетки (частным случаем которой является гравируемая либо проецируемая электронным пучком вектороскопическая сетка). Общеизвестно, что паттерны секторной визуализации колориметрической информации стали входить в пользование ещё в XIX веке (см. рис. 19).

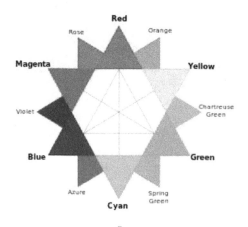

a

A) RGB color wheel.

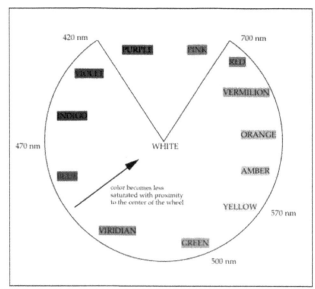

Б) Color circle based on additive combinations of the light spectum (Shiffman, 1990).

–

Рис. 20.

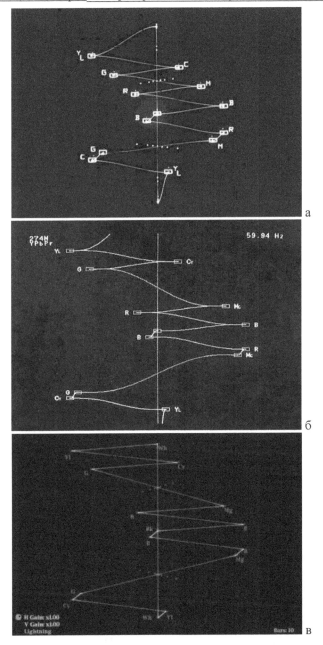

Рис. 21: Нециркулярные визуализации на вектороскопических установках общего назначения (Tektronix Lightning display allows quick setup of color-difference format recorders), имплементируемые и в научных установках.

Из нециркулярных методов визуализации можно отметить, прежде всего, «аналоговые по характеру визуализации», имплементируемой на CRT, регист-рограммы приборов 1740А и 1750А, а также 1760 серий (Analog Baseband Video Monitoring for Broadcast & Postproduction Applications) фирмы TEKTRONIX, которые нельзя рассматривать только как вектороскопы, но можно позиционировать как ультрамультипараметрические анализаторы и визуализаторы сигнала (их характеристики приведены на настоящей странице). Визуализация в виде цепей, звеньями которых являются полюса дескрипторов (либо, как говорят физики, смотревшие на подобные агрегаты, «нелинейные волны с бифуркациями» переключения), позволяет увидеть тоже, что и стандартное циркулярно-секторное представление. Примеры визуализаций этого типа показаны на рис. 21. Каталожные физико-технические характеристики приборов линейки даны ниже:

 I. Waveform/Vector Monitor for HDTV Baseband Video
 II. Two SMPTE 292M, 1.485 Gb/s Serial Component Inputs
 III. Available for 1920×1080i, 1280×720p, or Dual Digital Video Formats
 IV. Multiformat Option Adds 1920×1080i/50, 1920×1080/24sF, and 1920×1080p/24 Formats
 V. Parade and Overlay Waveform Displays in RGB, GBR, or Y/Pb/Pr
 VI. Vector display for 240M or 274M Colorimetry
 VII. Tektronix Diamond, Lightning, and Bowtie Displays
 VIII. Expanded Waveform Scales for Extended Accuracy
 IX. Waveform Save Mode for Signal Comparison
 X. NTSC or Trilevel External Reference
 XI. Analog Y/Pb/Pr and Digital Picture Monitor Outputs
 XII. AES/EBU Output of Audio Embedded in SMPTE 274M Data (1920×1080i/60 Format)
 XIII. Gamut, Status, and Line-by-Line CRC Monitoring
 XIV. VGA Display and Screen Output

Указанные форматы визуализации не являются уникальными для данной линейки, как и принцип нециркулярной репрезентации вектороскопической в целом. Так, мониторы формы волны (Standard Definition Waveform Monitors

WFM601A, WFM601E, WFM601M) выдают на дисплее также нециркулярные диаграммы. В проспектной информации заявляется, что «The WFM1125, equipped with Opt. 0A, 0B, 0C, or 0D, is the latest in a series of Tektronix high-definition waveform monitors to both acquire and display the SMPTE 292M television signal in its native digital format».

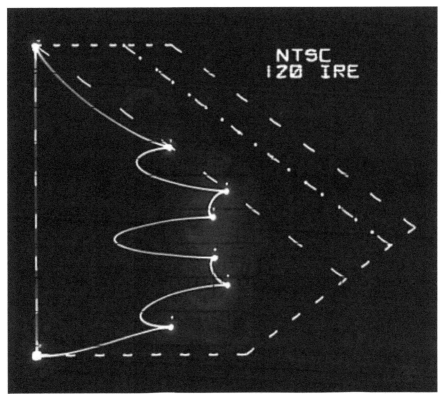

Рис. 22: «Arrowhead display indicates that colors will be legal in subsequent composite formats, without use of a composite encoder» (цит. катал.).

Наиболее визуально / морфологически приближенный к рис. 21 формат визуализации этого прибора показан на рис. 22. Однако это сходство визуализации в режиме NTSC обманчиво. Во-первых, отсутствует шкала по левую сторону графика. Во-вторых, нет возможности взаимно-однозначного сопоставления дескрипторов полюсам. В-третьих, сетка стоит под углом и включает в себя ортогональные элементы, отсутствующие на рис. 21. При этом, по существу, координатное подобие утрачивается. Более весомый, но менее подобный визуально аналог представлен на рис. 23 («Tektronix Diamond display indicates legal RGB color space»), где наблюдаются два полюса G, один полюс B, один полюс R, хотя подобия координатной сетки с указанной в полной мере не имеется.

Современные формы осциллографического и вектороскопического представления данных видеосигнала являются весьма богатыми подобными ортогональными репрезентациями, в чем можно убедиться при рассмотрении рис. 24, где современный осциллограф / анализатор видеосигнала указанной фирмы (Tektronix) имеет среди стандартных плагинов визуализаций формат, подобный тому, что имеет место на рис. 24. Надо сказать, что при зеленом флуоресцентном окрашивании эти методы дают сбой: наличие в большинстве фильтров Байера двух зеленых фильтров (против одного красного или синего в матрице мозаики) приводит к двукратному завышению уровня сигнала зеленого. Если для человеческого взгляда (для которого и был сделан зеленый уклон в чувствительности матриц) это нормально, то для машиночитаемых объектов или образцов / регистрограмм это – источник артефакта / систематической ошибки, не несущий смысла. По причине этого необходимо, если не фильтровать, то, по крайней мере, снижать по уровню G- канал в аналитике такого рода на ортогональных сетках с бинарными G-полюсами.

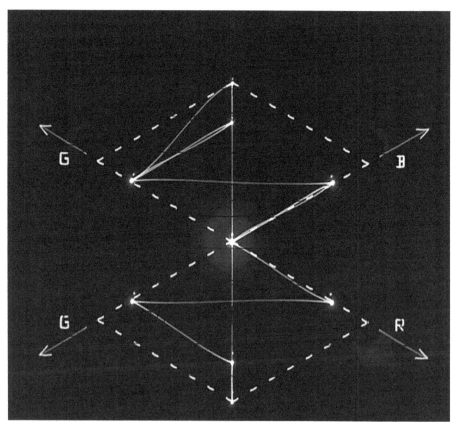

Рис. 23: «Tektronix Diamond display indicates legal RGB color space».

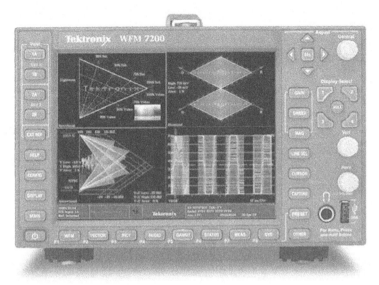

Рис. 24-а: Ортогональные нециркулярные формы репрезентации на WFM 7200.

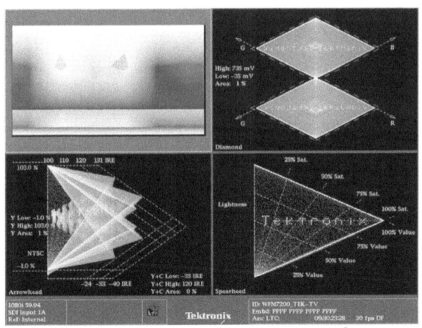

Рис. 24-б: Расширенная визуализация части режимов, отображенных на рис. 25-а.

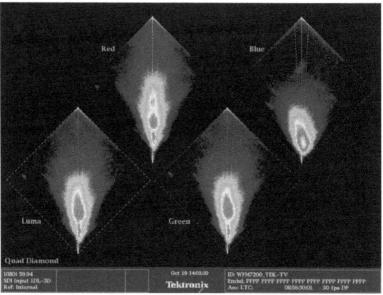

Рис. 24-в: Ещё один пример ортогональной визуализации на видеоанализа-торе «Quad Diamond display of Left and Right Eye Disparity for Luma, Red, Green, and Blue components».

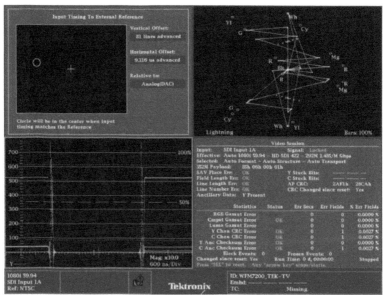

Рис. 25: Нециркулярная визуализации в вектороскопическом ПО Tektronix (ср. с рис. 21).

При этом, те же цифровые анализаторы, выдающие информацию по интерфейсу на ПК в специализированное ПО, визуализирующее данные, эквивалентно аналоговым схемам для ранних нецифровых осциллографов. Поэтому не является недоступной визуализация тех же типов вектороскопических данных не в экзотических ортогональных формах, а в формате, по координатным осям эквивалентном «нециркулярным визуализациям на вектороскопических установках» (Tektronix Lightning display allows quick setup of color-difference format recorders, ср. с рис. 21), причем с выдачей рассчитанных при обработке целевых показателей и сырых данных, как это показано на рис. 25.

Одним из весьма весомых преимуществ использования цифровых вектороскопических устройств в ролях сиквенс-анализаторов является возможность репрезентации данных прямо на сетке, окрашенной в палитру отображаемых спектроколориметрических вариаций, явно соответствующих шкале дескрипторов. Для этого исходное монохромное отображение (рис. 26-а), уже несущее в себе, соответственно распределению векторов по шкале, информацию о селективном окрашивании, в том числе – «рациометрическом» или «стехиометрическом» в случае известной «сатурации» (напр.: 75%, 100%), накладывается на палитральную шкалу, с которой может быть произведено считывание программами типа «Спектроанализатор» и др. (см. рис. 26-б). Однако возможно и иное решение: внедрение цветовых меток в отображение сигнала исключительно в сектора / вектора конкретных спектроколориметрических данных – как это показано в инвертированной (негативной) форме на рис. 26-в. Имплементация этого типа отображений в аналоговом вектороскопе старого образца с электронно-лучевой трубкой потребовала бы использования, как минимум, трехлучевой трубки, как в случае тринитронов и иных подобных телевизионных трубок, что привело бы к необходимости усложнения схем ввода информации и предобработки сигнала, в результате чего дискриминация проводилась бы не только по позиции на безпараллаксной сетке, но и по углу отклонения каждого пучка.

Пример чисто угловой симметричной бивекторной репрезентации информации приведен на рис. 27-а, более расширенный вариант с большим числом осей симметрии – на рис. 27-б. В принципе, существует ещё один вариант углового отображения, при котором вращение по окружности колориметрической точки приводит к получению того или иного спектрального / колориметрического тона заданной насыщенности, однако данный вариант не был внедрен в эпоху аналоговой вектороскопии и поэтому считается экзотическим. Пример визуализации данного типа в зарубежном программном обеспечении приведен на рис. 28. В то же время на плоскости безпараллаксной сетки возможен анализ по гониометрическим дескрипторам (без цвета).

Имплементация синхронного (кадрово-интервального и гониометрического) анализа данных на вектороскопе с получением «фингерпринтов» сигналов, адекватных тем или иным биохимическим носителям либо структурам, показана на рис. 29.

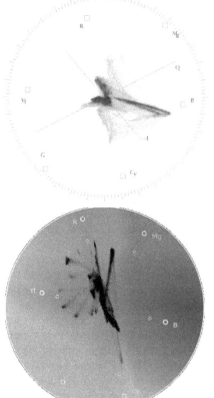

а – монохромное отображение;

б – наложение на палитру-шкалу;

в – окрашивание цветом не палитры, а самой визуализации сигнала.

Рис 26: Сравнение монохромного и колористического отображения.

Рис. 27-а: Пример чисто угловой симметричной бивекторной репрезентации информации.

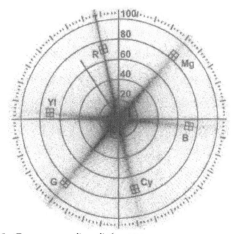

Рис. 27-б: Симметрийный (симметриметрический [35]) аспект позиционирования пучка.

Усиление данного метода обработкой сигналов специализированным радиочастотным анализатором спектра с блоками ПЧ, НЧ и ВЧ, а также стробоскопическим осциллографом-рефлектометром (можно на ЭЛТ советского производства, что было внедрено нами в процедуру испытаний) в совокупности с стерео-гониометрическим анализом в компаративно трактуемом сиквенсе относительно опорного лэддера ведет к более точной идентификации целевых аналитов. В то же время, невозможно говорить об идентификации без применения компаративной вектороскопии.

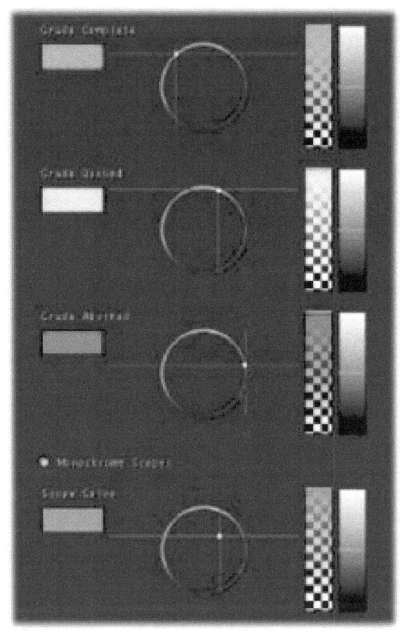

Рис. 28: Еще один вариант углового отображения – при котором вращение по окружности «колориметрической» точки приводит к получению тона данной насыщенности.

Рис. 29: Имплементация синхронного кадрово-интервального и гониометрического анализа данных на вектороскопес получением «фингерпринтов» сигналов, адекватных тем или иным биохимическим носителям либо структурам. Усиление данного метода обработкой сигналов анализатором спектра в совокупности со стерео-гониометрическим анализом в компаративно трактуемом сиквенсе относительно опорного лэддера ведет к более точной идентификации.

Альтернативные подходы к анализу лэддерных градиентных образцов. В настоящее время существует ряд методов визуализации сигналов на «Waveform-мониторах» («мониторах формы волны»), допускающих высокоэффективную аналитику дискретных сигналов в многих промышленных форматах. Ниже приводится выдержка осциллограмм с зарубежных сайтов[14] (см. рис. 30), из рассмотрения которых следует оптимальность данной визуализации для дискретного типа данных, которым характеризуются селективно окрашиваемые семантиды, в особенности – на высоком уровне разделения фиксируемые при электрофоретическом лэддерном разделении. С точки зрения анализа дискретных сигналов, имеет смысл вводить особую имплементацию аналоговой дискретной (био-)математики / биоинформатики, в рамках который визуализации подобного рода будут иметь эвристически-ценный смысл.

---

[14] Имеются в виду следующие ресурсы:

midair.info/docs/wfms.doc ; www.danalee.ca/ttt/2010/Lee_Pg75.pdf

http://www.danalee.ca/ttt/waveform_monitors_and_vectorscopes.htm

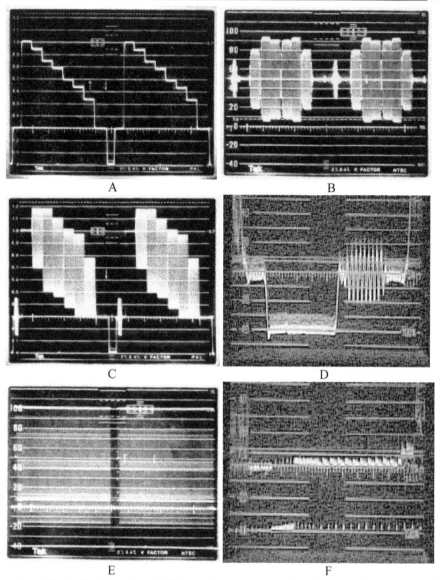

Рис. 30: a) The Low Pass (IRE) position passes just luminance information - all the chrominance information has been stripped from the waveform; b) The Chroma position is the opposite of the Low Pass - the luminance information is now missing, leaving just the chrominance. c) The Flat position allows us to view luminance and chrominance information - the whole range of frequencies in the composite video signal. d) Two line display, magnified; e) Two field display f) Two field display, magnified.

Особый интерес данное расширение представляет с точки зрения нейроинформатики – так как часть стандартных техник подобного рода может быть имплементирована не только для дискретной полимеромной информации, но и для импульсно-сигнальной активности нервов, отдельных клеток, мембранных ионных каналов и т.д. Хорошей иллюстрацией применения и адаптации данных технологий к наиболее комплексному из указанного списка является рис. 31-d, изображающий сигнал, подобный по ADSR реакции мышечного волокна на импульсы квадратной (дискретной как 0-1) формы, далее переходящей в «веретена» активности, также часто наблюдающиеся в электрофизиологических симптомах сомнологии и эпилептологии. Наложение спектрозонального (либо мультиспектрального) аналогового имэджинга на анализ / визуализацию дискретного по индукторам электрофизиологического сигнала соответствует в тренде современным направлениям морфофизиологии, электроморфогенеза, функционально-морфологического анализа и ионной электробиофизики. Примеры мультиспектрального или спектрозонального имэджинга в сигнальных нейроэлектрофизиологических системах даны в работах [31-34]. Возможно, небезынтересной версией аналоговой нейроэлектрофизиологии с привязкой к данным имэджинга в реальном времени может быть использование спутниково-опосредованной трансляции и скрэмблирования. Следует отметить, однако, что современные системы скремблирования используют методы обработки сигналов по амплитуде во времени с инверсией полярности, наложением сигнала помехи и изменении сигналов синхронизации, в результате чего при трансляции после инверсии полярности фиксируется нестабильность в синхронизации скремблированного паттерна., требующая дескремблирования на входе BNC телеметрического приемника-визуализатора (монитора, часто для спектрозональных нужд – с квадропроцессором и сплиттерами), заключающегося в подаче высокочастотной несущей с потоянной амплитудой. Это является одной из разновидностей потенциальных вариантов по имэджингу на чипе нервной ткани in situ с телеметрическим анализом данных. Для подобной задачи крайне нежелательным является только стохастический паттерн скремблирования при режиме свободных колебаний «Free run mode» («режим свободных колебаний»), лучше чего режим с фиксацией паттерна импульсами кадровой синхронизации – «V-lock». Если ничего из приведенного в данных условиях невозможно, то для синхронизации «закрытых» каналов можно использовать «синхросмесь нескремблированных каналов». Проблема синхронизации и, следовательно, фазы коммутации строк при секвенировании дискретных носителей кода с любым типом меток, равно как и при дешифровке многоканальных отведений патч-кламп от клеток, стоит в аналоговой биоинформатике весьма остро. В 1980-е – 1990-е гг. эту проблему решали с использованием секамоскопов (по юниту на канал) либо сигнальных генераторов с многопетлевой фазовой автоподстройкой частоты (ФАПЧ), обесеспечивавших попадание в фазу коммутации строк. Сетка привязки могла при этом меняться в зависимости от условий процессинга и «эвристико-эстетических» потребностей оператора (дискретные полосы либо дискретная сетка либо дискретные точки) без использования ROM.

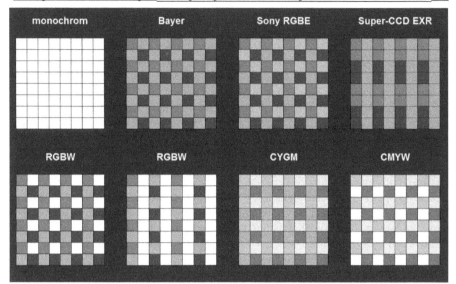

Рис. 31: Различие между типами фильтровых мозаик – предпосылка для расширения палитры спектрозональных CCD-технологий секвенирования с вектороскопической регистрацией и эквивалентных CMOS-технологий.

Патентоемкие технические результаты; know how; тестовые эксперименты, требующие качественной валидации с использованием современных молекулярно-биологических технологий. Нами, в силу ограниченности материально-технической базы аппаратурой 1980-х – 1990-х гг. как в радио-метрологической части, так и в части биохимического обеспечения, не могли бы быть проведены полноценные и вполне технологически современные эксперименты в указанном направлении. Поэтому были проведены только прикидочные тесты, обеспечивающие только proof of concept / proof of principle, но не метрологическую валидацию и протоколирование. Нами были рассчитаны и реализованы в макропрототипе спектрозональные активные чипы с микрофильтрами (матричными) на базе CYGM, CYYM, RGBE, CMYW, RGBW (CFAK), но было показано, что неконтролируемое попадание модельной флуоресцирующей микросферы на неподходящий, с точки зрения спектрозонального анализа, элемент ведет к накоплению экстремально большого числа ошибок. В связи с этим сначала был осуществлен переход на сенсоры Foveon X3, что решило проблему установления колокализации в режиме реального времени. Однако, по результатам измерений, вставал вопрос об анизотропии флуоресценции в зависимости от позиции точечного источника на микросфере. Поэтому был осуществлен переход к микроскопической регистрации на подвижной платформе с возможностью сканирования по координатам, углам и спектрозональным каналам. Регистрация для оценивания в режиме реального времени была реализована на калиброванном вектороскопе в цветовых пространствах Y Pb/Cb Pr/Cr [36]. Различие между типами мозаик фильтров дано на рис. 31, 32. Пример микрофото – рис. 33.

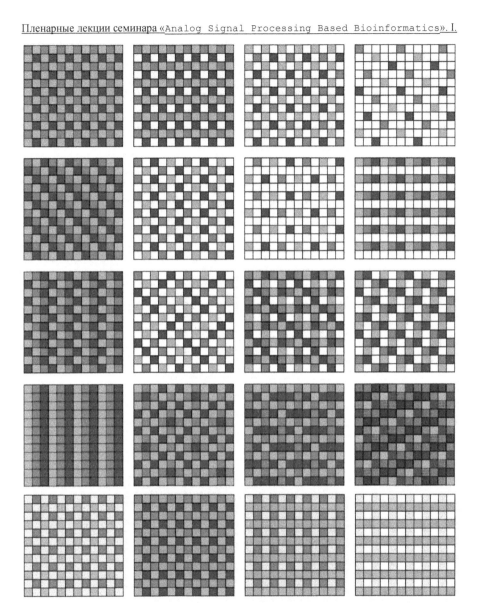

Рис. 32-а: Возможные типы мозаик спектрозональных фильтров на ПЗС- и КМОП-матрицах (http://www.quadibloc.com/other/cfaint.htm).

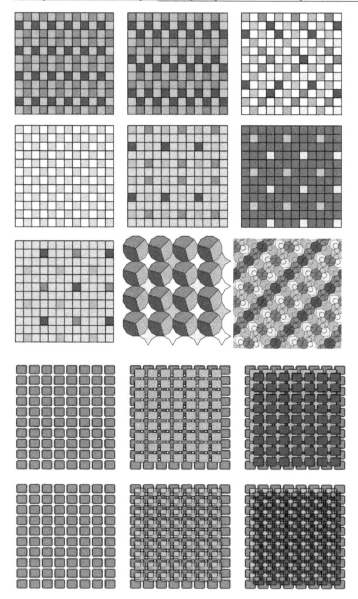

Рис. 32-б: Возможные типы мозаик спектрозональных фильтров на ПЗС- и КМОП-матрицах (http://www.quadibloc.com/other/cfaint.htm).

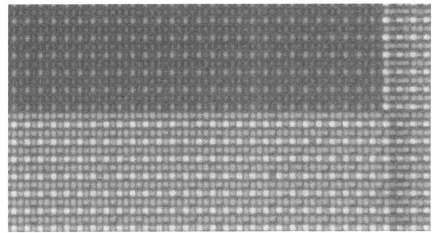

Рис. 33: Пример микрофотографии небайеровского дискретно-матричного фильтра (CYGM) при семидеятикратном увеличении.

Как известно из истории техники, методы секвенирования / считывания генома раннего периода времени обычно базировались на лазерной технике: по данным флуоресценции определялся характер мигрирующего агента. Количество и спектры красителей различались в зависимости от модели: (например, IR2 использовал инфракрасное излучение, а некоторые другие – *Vis*-диапазон, в то время как вакуумный ультрафиолет не использовался никогда по причине его воздействия на вещество). Поэтому характер матриц нужно, в идеальном случае, подбирать по фильтрам под соответствующие спектральные диапазоны. Когда RGB или его аналоги не подходят – необходим специальный аутсорсный дизайн фильтров не байеровского характера либо самостоятельная разработка фильтров-преобразователей с любыми дескрипторами на канал, зависящими от преобразуемой переменной, как это сделано в работах [37,38] и в соответствии с базовой метрологией фотометрических измерений на подобных устройствах с произвольным преобразованием, адаптированной в работе [39]. Это позволяет в перспективе перейти к полимеромному секвенированию произвольных агентов (семантид Цукеркандла-Полинга) с произвольными метками или контрастными агентами [40], как сопряженными с чисто-спектральными методами фиксации / регистрации информации (например – SPR-спектроскопией [41]), так и намного более простыми, но использующими физические (иммуномагнитометрические, радиоиммунохимичческие и пр.) критерии / переменные детектирования. Если говорить о таких методах, то следует упомянуть, что известные с 1980-х годов подходы мультиспектрального мультиплексного секвенирования предполагают возможность использования не только флуоресцентных меток с отличными спектральными характеристиками, но и радиоизотопных меток которые могут быть зафиксированы сцинтилляционным счетчиком либо координатным детектором частиц. Как и в методах мультиплексной мультиспектральной иммуногистохимии, задача в этом случае не сводится только к картированию, но тре-

бует количественного решения, что может быть причиной затруднений и артефактов: например, в случае, когда используется несколько меток либо препарат
метки, в силу времени либо неустранимых проблем с очисткой, имеет ряд «переходных» состояний с другими временами полураспада и спектром излучения.

Сравнение специфических технологий изотопного и неизотопного мечения
нуклеиновых кислот указывает на то, что статистическая характеризация измерений на данных кардинально отличных принципах (оптическом и дозиметри-
ческом / радиометрическом) принципиально отлична по критериям оценки. По
этой причине нужна новая референсная математическая модель и новая биоинформатика для описания данного типа мультиспектрального секвенирования. И
это – «аналоговая биоинформатика», базирующаяся на показания пересчетных
приборов / реверсивных счетчиков и координатном картировании в методиках,
имплементируемых на ПЗС либо КМОП – подобных радиоавтографии на чипе
и работе электронно-оптических преобразователей и координатных детекторов
с тонкослойными сцинтилляционными покрытиями на поверхности. Работая с
гетерогенными образцами надо учитывать, что распределение собственных изотопов, способных интерферировать с меткой, в морфогенезе является позици-
онно-чувствительным (как пример этого можно привести классические результаты по распределению изотопной метки на нуклеиновые кислоты по анималь-
но-вегетативному градиенту в эмбриогенезе, либо по т.н. биологическому фрак-
ционированию изотопов углерода в биогеохимических процессах и циклах). По
данной причине для созданных нами экспериментальных образцов позиционно-
чувствительных активных чипов со сцинтилляционными ячейками разрабаты-
вается принципиально новая форма представления данных для полимеромики
– GUI «Радиоизотопная биоинформатика» («RadioScintGS», автор – Панкратов
С.К. [42]).

Возможности применения для процессов сепарации не на чипе. Старейшие
методы разделения биомакромолекул не базировались на чипах и устройствах с
активной поверхностью. Капиллярное секвенирование, по определению, может
быть проведено в обычных капилляров с подходящей толщиной (и адгезивной /
реологической характеристикой). В системах высокопроизводительного разделения и количественной оценки нуклеиновых кислот типа Fragment Analyzer и
большинстве приборов для секвенирования ДНК методами капиллярного электрофореза капилляры доступны для визуального наблюдения внутри бокса, т.е.
профили «реакционно-диффузионных фронтов» (т.к. во внешнем поле идущее
разделение ДНК с формированием метамерного или периодического паттерна /
сиквенса может рассматриваться – с формальных Тьюринговских позиций – как
физический морфогенез) могут быть визуализированы встроенными техническими средствами и дополнительными контрольно-измерительными системами
датчиков (в экспериментальных и исследовательских целях встраивающихся в
бокс или внешний контур). Известны различия в профиле фронта при ламинар-
ном и электроосмотическом потоке, что делает возможным ряд методов пара-
метрической верификации процесса в режиме реального времени, помимо самой целевой аналитики. Преимуществом капиллярного электрофореза в разделении нуклеиновых кислот и соответствующем секвенировании является длина

пути детектируемого излучения, составляющая обычно всего N*10 мкм (и, как правило, до 50 мкм). Поэтому является возможным прямое «*in situ*» (в реальном времени) наблюдение и картирование источника сиквенса микроскопическими методами.

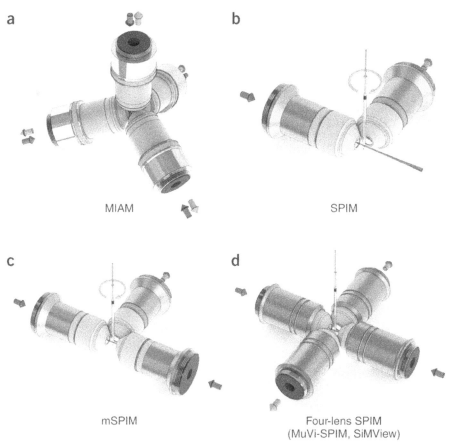

Рис. 34: Методы SPIM микроскопии – все, кроме вырожденной (для анализа в точке / капле) геометрии MIAM (a), подходят для анализа сиквенсов.

Работа с микроскопией капилляров наиболее оптимально реализуется техникой LSFM, включающей ряд ответвлений, таких как OPFOS, SPIM, mSPIM, MuViSPIM, отличающихся геометрически по расположению и количеству объективов и возможности относительного вращения образца – капилляра (или турели или одиночных микрообъективов вокруг него). Наличие открытых протоколов типа OpenSPIM и встраиваемость конструкции SPIM-подобных систем в стандартные боксы, даёт возможность воспроизвести разделение с небольшим количеством капиллярных каналов при использовании соответствующего количества SPIM-головок либо перемещений одной SPIM-головки в пространстве. При этом возможно сканирование вдоль всего капилляра или методы мониторинга определенного участка. Нами реализуются данная техническая схема и метод [43]. Наиболее близкой к SPIM конфигурацией микроскопов из бывшего СССР является микроскоп Линника (светового сечения), показанный на рис. 35, а также детализированный в соотнесении с SPIM на рис. 36.

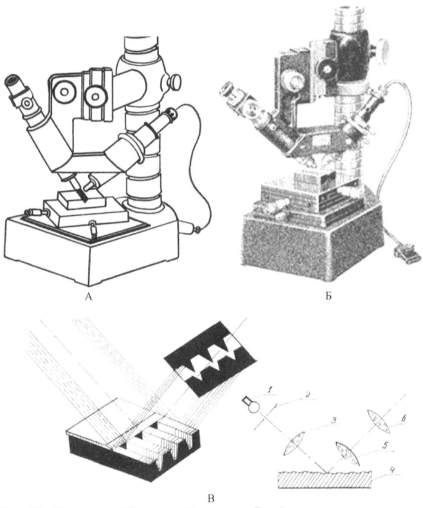

Рис. 35: Микроскоп Линника: А – схема; Б – фото с держателем деталей, хорошо адаптируемым для фиксации капилляров; В – принцип действия в случае анализа регулярных зазубрин в металле, дающий предпосылки для имплементации микроскопии светового сечения на микроскопе Линника в анализе процессов сепарации на флюидных чипах подобного устройства.

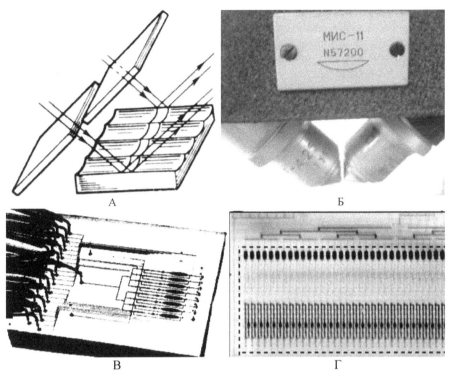

Рис. 36: Конфигурация оптической схемы микроскопа Линника МИС-11 для контроля сечений параллельных каналов открытых чипов (А) и объективы МИС-11 в конфигурации, приближенной к SPIM-микроскопии (Б). В нижней части изображения – трехмерная модель стандартного чипа для методов РНК-секвенирования (В) и микрофлюидная платформа для прецизионных и многоканальных компаративных исследований по микробной геномике (Г).

Позитивным моментом использования микроскопов светового сечения для анализа процессов секвенирования или результатов секвенирования в бороздах чипов, также являющихся капиллярами (как с точки зрения физической химии, так и с технической точки зрения) является возможность имплементации SPIM-чиповых гибридных методов, в которых роль SPIM может выполнять несколько модифицированный микроскоп типа МИС-11 или базирующийся на стандартах, приближенных к OpenSPIM, микроскоп собственной конструкции, отличной от вышеуказанных, но адаптированный к работе с микрофлюидными системами и к многоканальной сепарации (такие конструкции, массово разрабатывавшиеся в нашей группе, начиная с 2013 года, мы называем SPIM-LIKE [44], что является одновременно термином «SPIM-like», отображающим подобие строения тракта наших микроскопов и систем SPIM, и аббревиатурой, отображающей наличие в системе т.н. LIKE-преобразования, описываемого нами в следующих работах).

Более подробное рассмотрение методов капиллярной микроскопии, SPIM и т.п. методов, запланировано на проводящийся с ближайшее время внутренний семинар (создаваемого при слиянии нескольких институтов быв. РАН / ФАНО) ФИЦ «Химическая физика», предварительно наименованный «CAPMIC-2017» (Capillary Methods in Microscopy) и предполагавший приглашение докладчиков из пяти стран, ограничившихся, однако, разрешением демонстрации их старых презентаций и удаленных вебинаров / телеконференций в реальном времени.

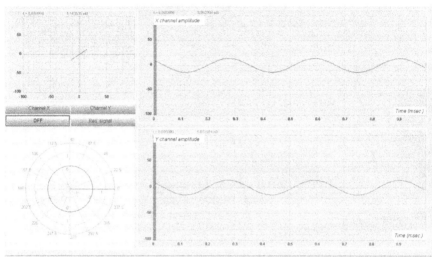

Рис. 37: GUI стереогониометра "Phase–space analyzer".

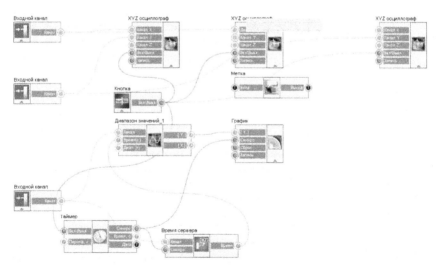

Рис. 38: Схема коммутации модулей при разработке "Phase–space analyzer".

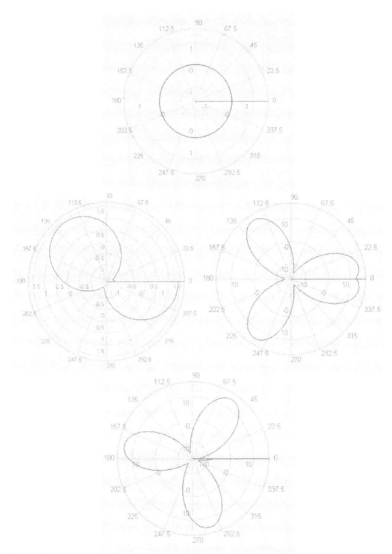

Рис. 39: Примеры графиков в полярных координатах, полученных нами в ходе тестирования оболочки "Phase–space analyzer".

Альтернативы кросс-канальных измерений на вектороскопах при работе с аналого-цифровыми преобразователями. Концепт-дискурс мультипараметрической аналоговой биоинформатики или «аппаратной биоинформатики» не имеет ограничений как на источники аналоговых данных, так и на системы их полной или частичной обработки, визуализации и аналитики. Если имеется источник с

ПЗС- или КМОП- матрицей или электрохимическим и импедансометрическим детектором или иным датчиком, который может быть выведен на АЦП, техника обработки данных с АЦП на ПК, эмулирующая работу реальных приборов либо расширяющая возможности параллельной регистрации и обработки, замещает в метрологическом аспекте аналогичные процессы и манипуляции, свойственные стандартным аналоговым устройствам соответствующего уровня точности. При этом аналоговый смысл данных в подобном случае сохраняется и возможность применения аппаратных средств и аналоговой вычислительной аппаратуры (как АВМ) на параллельной линии продолжает быть актуальной для оператора. Для оператора критерием подобия результатов будет подобие визуализации и чисел (контрольных) аналоговых приборов или приборов с числовой индикацией (как это было популярно на ранних этапах становления биофизической метрологии / техники измерений, в 1970-х – начале 1980-х гг.).

Поэтому нами были предприняты попытки создания полного дубля стенда, использовавшегося в качестве стенда регистрации при обработке сиквенсов на аналоговых принципах (хотя вместо тестовых образцов часто использовали, на практике, регистрограммы, транслировавшиеся с современных цифровых схем) с временным разрешением, на базе SCADA-систем и GUI, создаваемых нашими студентами (в частности – А. Нотченко, Е. Зайцевым). Вместо вектороскопов на электронно-лучевой трубке и waveform monitor-ов была создана Е.В. Зайцевым и применена на практике система «Phase-space analyzer», взаимодействовавшая с АЦП / ЦАП «Zet-210» и рядом других. Эта программная оболочка описана на данный момент для ряда приложений на чипе (см. наши ближайшие работы по этой тематике). Внешний вид графического интерфейса пользователя приведен на рис. 37, схема проекта в режиме разработчика – на рис. 38, результаты теста с встроенным эмуляционным источником сигнала – на рис. 39. Система может работать в нескольких вектороскопических (в т.ч. – XYZ-осциллографическом с 3D-визуализацией) и фазометрическом / фазоскопическом режиме с выдачей данных в виде файла. График в полярных координатах является дескрипторным источником, также как и более высокоспециализированная вектороскопическая визуализаций современного периода. Недостаток текущей версии системы – её унихроматичность, то есть отсутствие деления на R-, G- и B- компоненты (если заранее сигнал не поделен на них) в тракте установки на цифровой линии. Если сигнал поделен на спектрозональные компоненты, то в режиме GUI интерфейса оператора можно выбрать номер канала, поступающего на тот или иной прибор (например, на XYZ осциллограф, так как компонент «Входной сигнал» служит для извлечения произвольного сигнала, поданного с АЦП, в SCADA-системе). Спектрозональная стереогониометрия и фазография на чипе интерпретируются как источники комплементарных дескрипторов для аналоговых векторограмм и их оцифровываемых, но аналоговых по природе сигнала, вариантов.

После завершения проекта полученный программный продукт тестировался на фигурах Лиссажу с разными отношениями частот. После этого корректировалось время захвата и создавались калибровочные таблицы графического отклика на сигналы. Описание полной сборки GUID дано в таблице 5.

Таблица 4: Описание полной сборки GUID для "Phase - Space Analyzer.zvx".

```xml
<?xml version="1.0" encoding="UTF-8"?>

<Project ComponentCount="25" ConnLinkCount="14">

    <Page name="Страница_1" GUID="{5D68D084-E9FD-4CE8-
B515-1E0B24C49195}" StartVisibility="True" Back-
Color="15793151" ForeColor="13882323" Coordi-
nateGrid="True">

        <Component GUID="{80A91E55-DCBC-499B-8336-
A423D464990C}" ProgID="ZET.ZetChanList.1"
CLSID="{052DB147-84D5-4E8B-82DB-C07A5353FBCB}" IsOpera-
torView="True" Caption="Входной канал" IsVisi-
bleLable="False" IsVisibleAtRunTime="True"
m_sHelpString="" Width="216" height="37" Left="65"
Top="332" SortIndex="31" Channel="Демо 1" Active-
Color="4250709" InactiveColor="220" ShowList="Да"/>

        <Component GUID="{80A91E55-DCBC-499B-8336-
A423D464990C}" ProgID="ZET.ZetChanList.1"
CLSID="{052DB147-84D5-4E8B-82DB-C07A5353FBCB}" IsOpera-
torView="False" Caption="Входной канал" IsVisi-
bleLable="True" IsVisibleAtRunTime="False"
m_sHelpString="" Width="115" height="45" Left="46"
Top="67" SortIndex="12" Channel="Демо 1" Active-
```

```
Color="4250709" InactiveColor="220" ShowList="Да"/>

        <Component GUID="{7D5F1826-562A-4E4D-A5DA-

D7D8A895E979}" ProgID="ZET.ZetChanList.1"

CLSID="{052DB147-84D5-4E8B-82DB-C07A5353FBCB}" IsOpera-

torView="True" Caption="Входной канал" IsVisi-

bleLable="False" IsVisibleAtRunTime="True"

m_sHelpString="" Width="214" height="38" Left="283"

Top="331" SortIndex="32" Channel="Демо 1" Active-

Color="4250709" InactiveColor="220" ShowList="Да"/>

        <Component GUID="{7D5F1826-562A-4E4D-A5DA-

D7D8A895E979}" ProgID="ZET.ZetChanList.1"

CLSID="{052DB147-84D5-4E8B-82DB-C07A5353FBCB}" IsOpera-

torView="False" Caption="Входной канал" IsVisi-

bleLable="True" IsVisibleAtRunTime="False"

m_sHelpString="" Width="115" height="45" Left="46"

Top="201" SortIndex="13" Channel="Демо 1" Active-

Color="4250709" InactiveColor="220" ShowList="Да"/>

        <Component GUID="{EBB72EB2-E51C-443B-9BAF-

0FC0AC0035CD}" ProgID="ZET.XYZOsc.1" CLSID="{ED614157-

6F5C-4AC4-AA89-82A7F023DAD3}" IsOperatorView="True"

Caption="XYZ осциллограф" IsVisibleLable="False" Is-

VisibleAtRunTime="True" m_sHelpString="" Width="428"
```

height="296" Left="70" Top="31" SortIndex="30" Grid-

Color="2146239" CursorColor="8388608" Back-

Color="13160660" StartGraphColor="13160660" EndGraph-

Color="1052768" DigitsColor="12451840" Legend-

Color="37888" CoordinateSystem="XY"

CoordinateGrid="Сетка по X и Y" Update="0.1 с" Inter-

val="1"/>

                                                        <Component GUID="{EBB72EB2-E51C-443B-9BAF-

0FC0AC0035CD}" ProgID="ZET.XYZOsc.1" CLSID="{ED614157-

6F5C-4AC4-AA89-82A7F023DAD3}" IsOperatorView="False"

Caption="XYZ осциллограф" IsVisibleLable="True" IsVisi-

bleAtRunTime="False" m_sHelpString="" Width="115"

height="100" Left="301" Top="67" SortIndex="14" Grid-

Color="2146239" CursorColor="8388608" Back-

Color="13160660" StartGraphColor="13160660" EndGraph-

Color="1052768" DigitsColor="12451840" Legend-

Color="37888" CoordinateSystem="XY"

CoordinateGrid="Сетка по X и Y" Update="0.1 с" Inter-

val="1"/>

                                                        <Component GUID="{8BBF089B-84C9-4DAB-85FF-

26F8AD5DA244}" ProgID="ZET.Push.1" CLSID="{DAFACB6C-

C9D6-48AA-90B6-B93706864266}" IsOperatorView="True"

```
Caption="Кнопка" IsVisibleLable="False" IsVisibleAtRun-
Time="True" m_sHelpString="" Width="213" height="34"
Left="66" Top="374" SortIndex="33" status="False" Ra-
dioBtn="False" TextSize="12" TextStyle="FontStyleBold"
OnBackColor="255" OffBackColor="65280" Enable="True"
OnCaption="ON" OffCaption="OFF"/>
        <Component GUID="{8BBF089B-84C9-4DAB-85FF-
26F8AD5DA244}" ProgID="ZET.Push.1" CLSID="{DAFACB6C-
C9D6-48AA-90B6-B93706864266}" IsOperatorView="False"
Caption="Кнопка" IsVisibleLable="True" IsVisibleAtRun-
Time="False" m_sHelpString="" Width="115" height="45"
Left="270" Top="220" SortIndex="16" status="False" Ra-
dioBtn="False" TextSize="12" TextStyle="FontStyleBold"
OnBackColor="255" OffBackColor="65280" Enable="True"
OnCaption="ON" OffCaption="OFF"/>
        <Component GUID="{D4C99EF9-6AD9-41A7-B858-
1DB5D5CB0B0D}" ProgID="ZET.XYZOsc.1" CLSID="{ED614157-
6F5C-4AC4-AA89-82A7F023DAD3}" IsOperatorView="True"
Caption="XYZ осциллограф" IsVisibleLable="False" Is-
VisibleAtRunTime="True" m_sHelpString="" Width="958"
height="371" Left="504" Top="28" SortIndex="34" Grid-
Color="2146239" CursorColor="8388608" Back-
```

```
Color="13160660" StartGraphColor="13160660" EndGraph-
Color="1052768" DigitsColor="12451840" Legend-
Color="37888" CoordinateSystem="XT"
CoordinateGrid="Сетка по X и Y" Update="0.1 с" Inter-
val="1"/>
        <Component GUID="{D4C99EF9-6AD9-41A7-B858-
1DB5D5CB0B0D}" ProgID="ZET.XYZOsc.1" CLSID="{ED614157-
6F5C-4AC4-AA89-82A7F023DAD3}" IsOperatorView="False"
Caption="XYZ осциллограф" IsVisibleLable="True" IsVisi-
bleAtRunTime="False" m_sHelpString="" Width="115"
height="100" Left="530" Top="67" SortIndex="17" Grid-
Color="2146239" CursorColor="8388608" Back-
Color="13160660" StartGraphColor="13160660" EndGraph-
Color="1052768" DigitsColor="12451840" Legend-
Color="37888" CoordinateSystem="XT"
CoordinateGrid="Сетка по X и Y" Update="0.1 с" Inter-
val="1"/>
        <Component GUID="{0A7CD009-8A1B-47FC-B1F7-
508E0F002E6C}" ProgID="ZET.LabelText.1"
CLSID="{71D1B5EB-B543-40E5-ACDC-C174741CCDB5}" IsOpera-
torView="True" Caption="Метка" IsVisibleLable="False"
IsVisibleAtRunTime="True" m_sHelpString="" Width="106"
```

```
height="26" Left="1351" Top="345" SortIndex="39"

TextSize="12" TextStyle="FontStyleItalic" Transpar-

ent="True" TextColor="16777215" Text="Time (msec.)"

Alignment="По левому краю" Frame="False"/>

        <Component GUID="{0A7CD009-8A1B-47FC-B1F7-

508E0F002E6C}" ProgID="ZET.LabelText.1"

CLSID="{71D1B5EB-B543-40E5-ACDC-C174741CCDB5}" IsOpera-

torView="False" Caption="Метка" IsVisibleLable="True"

IsVisibleAtRunTime="False" m_sHelpString="" Width="180"

height="45" Left="530" Top="187" SortIndex="18"

TextSize="12" TextStyle="FontStyleItalic" Transpar-

ent="True" TextColor="16777215" Text="Time (msec.)"

Alignment="По левому краю" Frame="False"/>

        <Component GUID="{D935DBE5-0A2D-4502-AE85-

060A1E229620}" ProgID="ZET.XYZOsc.1" CLSID="{ED614157-

6F5C-4AC4-AA89-82A7F023DAD3}" IsOperatorView="True"

Caption="XYZ осциллограф" IsVisibleLable="False" Is-

VisibleAtRunTime="True" m_sHelpString="" Width="959"

height="390" Left="502" Top="415" SortIndex="35" Grid-

Color="2146239" CursorColor="8388608" Back-

Color="13160660" StartGraphColor="13160660" EndGraph-

Color="1052768" DigitsColor="12451840" Legend-
```

```
Color="37888" CoordinateSystem="YT"

CoordinateGrid="Сетка по X и Y" Update="0.1 c" Inter-

val="1"/>

        <Component GUID="{D935DBE5-0A2D-4502-AE85-

060A1E229620}" ProgID="ZET.XYZOsc.1" CLSID="{ED614157-

6F5C-4AC4-AA89-82A7F023DAD3}" IsOperatorView="False"

Caption="XYZ осциллограф" IsVisibleLable="True" IsVisi-

bleAtRunTime="False" m_sHelpString="" Width="115"

height="100" Left="850" Top="67" SortIndex="19" Grid-

Color="2146239" CursorColor="8388608" Back-

Color="13160660" StartGraphColor="13160660" EndGraph-

Color="1052768" DigitsColor="12451840" Legend-

Color="37888" CoordinateSystem="YT"

CoordinateGrid="Сетка по X и Y" Update="0.1 c" Inter-

val="1"/>

        <Component GUID="{9ECBB2F1-A167-40E3-9878-

C1263127FDBD}" ProgID="ZET.PolarGrid.1"

CLSID="{89C85A85-70B7-48C3-8D0D-A940D52B1C0A}" IsOpera-

torView="True" Caption="График" IsVisibleLable="False"

IsVisibleAtRunTime="True" m_sHelpString="" Width="424"

height="396" Left="68" Top="414" SortIndex="36" YAuto-

scale="True" YString="" Ystart="-1.696921" Yfin-
```

ish="1.695592" FileName="" XPrecision="0.01" YPreci-

sion="0.01" BackColor="14215660" GridColor="49344"/>

        <Component GUID="{9ECBB2F1-A167-40E3-9878-

C1263127FDBD}" ProgID="ZET.PolarGrid.1"

CLSID="{89C85A85-70B7-48C3-8D0D-A940D52B1C0A}" IsOpera-

torView="False" Caption="График" IsVisibleLable="True"

IsVisibleAtRunTime="False" m_sHelpString="" Width="115"

height="84" Left="530" Top="290" SortIndex="28" YAuto-

scale="True" YString="" Ystart="-1.696921" Yfin-

ish="1.695592" FileName="" XPrecision="0.01" YPreci-

sion="0.01" BackColor="14215660" GridColor="49344"/>

        <Component GUID="{3432F1FC-796B-4A86-8FD7-

F55932802EEE}" ProgID="ZET.ZetChanList.1"

CLSID="{052DB147-84D5-4E8B-82DB-C07A5353FBCB}" IsOpera-

torView="True" Caption="Входной канал" IsVisi-

bleLable="False" IsVisibleAtRunTime="True"

m_sHelpString="" Width="212" height="33" Left="284"

Top="375" SortIndex="37" Channel="Демо 2" Active-

Color="4250709" InactiveColor="220" ShowList="Да"/>

        <Component GUID="{3432F1FC-796B-4A86-8FD7-

F55932802EEE}" ProgID="ZET.ZetChanList.1"

CLSID="{052DB147-84D5-4E8B-82DB-C07A5353FBCB}" IsOpera-

```
torView="False" Caption="Входной канал" IsVisi-

bleLable="True" IsVisibleAtRunTime="False"

m_sHelpString="" Width="115" height="45" Left="46"

Top="434" SortIndex="21" Channel="Демо 2" Active-

Color="4250709" InactiveColor="220" ShowList="Да"/>

        <Component GUID="{BD97C875-3F6E-4CA9-87C3-

6207ABF58312}" ProgID="ZET.StdLabelText.1"

CLSID="{AFD7EC9E-10B2-47F7-8815-02FB88746787}" IsOpera-

torView="True" Caption="Текст" IsVisibleLable="False"

IsVisibleAtRunTime="True" m_sHelpString="" Width="109"

height="30" Left="1348" Top="747" SortIndex="38"

TextSize="12" TextStyle="FontStyleItalic" Transpar-

ent="True" BackColor="8421504" TextColor="0"

String="Time (msec.)" Alignment="По левому краю"

Frame="False"/>

        <Component GUID="{048BC16C-2B77-44C3-99D2-

D0B7A4E4B2FB}" ProgID="ZET.Timer.1" CLSID="{9E500A7D-

7837-45E8-9893-5293AF6CFA28}" IsOperatorView="False"

Caption="Таймер" IsVisibleLable="True" IsVisibleAtRun-

Time="False" m_sHelpString="" Width="180" height="70"

Left="149" Top="499" SortIndex="2" status="False"

timeInterval="0.1" DateFormat="ДД.ММ.ГГ - ЧЧ:ММ:СС"/>
```

```
        <Component GUID="{9BD0ED87-2D07-4EE2-B591-
AED469AB13BF}" ProgID="ZET.ServerTime.1"
CLSID="{8217B6E2-7743-4A32-BB49-3FE550F432F8}" IsOpera-
torView="False" Caption="Время сервера" IsVisi-
bleLable="True" IsVisibleAtRunTime="False"
m_sHelpString="" Width="180" height="50" Left="375"
Top="529" SortIndex="3" Auto="False" Frequency="10"/>
        <Component GUID="{A97C743B-A897-480E-94E7-
D5BA2B94DA69}" ProgID="ZET.TimeArray.1"
CLSID="{8D50EA81-65B9-4D2A-99F8-12A6BEACDCCA}" IsOpera-
torView="False" Caption="Диапазон значений_1" IsVisi-
bleLable="True" IsVisibleAtRunTime="False"
m_sHelpString="Диапазон значений_1" Width="180"
height="68" Left="271" Top="290" SortIndex="5" Inter-
val="1" FreqRange="100.000"/>
        <Component GUID="{6B3DDEB9-3FF1-4E1C-9C88-
E02ACBE64BCD}" ProgID="ZET.StdLabelText.1"
CLSID="{AFD7EC9E-10B2-47F7-8815-02FB88746787}" IsOpera-
torView="True" Caption="Текст" IsVisibleLable="False"
IsVisibleAtRunTime="True" m_sHelpString="" Width="168"
height="30" Left="558" Top="50" SortIndex="40"
TextSize="12" TextStyle="FontStyleItalic" Transpar-
```

```
ent="True" BackColor="8421504" TextColor="0" String="X

channel amplitude" Alignment="По левому краю"

Frame="False"/>

        <Component GUID="{A74C23F3-DE62-4F1A-A667-

B0FB4283980E}" ProgID="ZET.StdLabelText.1"

CLSID="{AFD7EC9E-10B2-47F7-8815-02FB88746787}" IsOpera-

torView="True" Caption="Текст" IsVisibleLable="False"

IsVisibleAtRunTime="True" m_sHelpString="" Width="168"

height="25" Left="557" Top="437" SortIndex="41"

TextSize="12" TextStyle="FontStyleItalic" Transpar-

ent="True" BackColor="8421504" TextColor="0" String="Y

channel amplitude" Alignment="По левому краю"

Frame="False"/>

        <Component GUID="{392169EB-EDE9-4C73-A3E1-

CBB107C57E54}" ProgID="ZET.GroupBoxCtrl.1"

CLSID="{5C15274F-990B-4099-B0A6-C5C8D433A9BC}" IsOpera-

torView="True" Caption="Набор компонентов" IsVisi-

bleLable="False" IsVisibleAtRunTime="True"

m_sHelpString="" Width="1419" height="813" Left="62"

Top="17" SortIndex="0"/>

    </Page>

<ConnectionLink ownGUID="{F4936E5D-C805-416A-8943-
```

22B163E3F094}" firstContNum="1"

firstCont_hostGUID="{80A91E55-DCBC-499B-8336-

A423D464990C}" secondContNum="1" second-

Cont_hostGUID="{EBB72EB2-E51C-443B-9BAF-0FC0AC0035CD}"

linkColor="16750115" isVertical="False"/>

    <ConnectionLink ownGUID="{407F7A36-3637-466B-BFC7-

C3AFDC24EF4E}" firstContNum="1"

firstCont_hostGUID="{7D5F1826-562A-4E4D-A5DA-

D7D8A895E979}" secondContNum="2" second-

Cont_hostGUID="{EBB72EB2-E51C-443B-9BAF-0FC0AC0035CD}"

linkColor="16750115" isVertical="False"/>

    <ConnectionLink ownGUID="{C1A274E9-7304-42AC-8D44-

F77100851DCF}" firstContNum="1"

firstCont_hostGUID="{80A91E55-DCBC-499B-8336-

A423D464990C}" secondContNum="1" second-

Cont_hostGUID="{D4C99EF9-6AD9-41A7-B858-1DB5D5CB0B0D}"

linkColor="16750115" isVertical="False"/>

    <ConnectionLink ownGUID="{7B360D54-98E3-4E25-9724-

DA40945B4CAE}" firstContNum="1"

firstCont_hostGUID="{7D5F1826-562A-4E4D-A5DA-

D7D8A895E979}" secondContNum="2" second-

Cont_hostGUID="{D935DBE5-0A2D-4502-AE85-060A1E229620}"

```
linkColor="16750115" isVertical="False"/>

    <ConnectionLink ownGUID="{47BDC48A-6900-47AB-ADF3-
27A4382FD809}" firstContNum="1"

firstCont_hostGUID="{8BBF089B-84C9-4DAB-85FF-
26F8AD5DA244}" secondContNum="4" second-

Cont_hostGUID="{D4C99EF9-6AD9-41A7-B858-1DB5D5CB0B0D}"

linkColor="128" isVertical="False"/>

    <ConnectionLink ownGUID="{4A9F69BE-CC06-4EEC-8DB9-
83CEBC477EA5}" firstContNum="1"

firstCont_hostGUID="{8BBF089B-84C9-4DAB-85FF-
26F8AD5DA244}" secondContNum="4" second-

Cont_hostGUID="{D935DBE5-0A2D-4502-AE85-060A1E229620}"

linkColor="16744448" isVertical="False"/>

    <ConnectionLink ownGUID="{591F57C3-0C50-4512-8C2D-
3C64C43B7183}" firstContNum="1"

firstCont_hostGUID="{8BBF089B-84C9-4DAB-85FF-
26F8AD5DA244}" secondContNum="1" second-

Cont_hostGUID="{048BC16C-2B77-44C3-99D2-D0B7A4E4B2FB}"

linkColor="128" isVertical="False"/>

    <ConnectionLink ownGUID="{6E46702B-819C-445D-8111-
409C7910CE29}" firstContNum="2"

firstCont_hostGUID="{048BC16C-2B77-44C3-99D2-
```

D0B7A4E4B2FB}" secondContNum="2" second-

Cont_hostGUID="{9BD0ED87-2D07-4EE2-B591-AED469AB13BF}"

linkColor="128" isVertical="False"/>

   <ConnectionLink ownGUID="{5712CC8B-00D0-45E4-862F-

B46918FB42CF}" firstContNum="1"

firstCont_hostGUID="{3432F1FC-796B-4A86-8FD7-

F55932802EEE}" secondContNum="1" second-

Cont_hostGUID="{9BD0ED87-2D07-4EE2-B591-AED469AB13BF}"

linkColor="16750115" isVertical="False"/>

   <ConnectionLink ownGUID="{02467AE5-C9B4-43DE-8705-

829C0D0E8A27}" firstContNum="1"

firstCont_hostGUID="{3432F1FC-796B-4A86-8FD7-

F55932802EEE}" secondContNum="1" second-

Cont_hostGUID="{A97C743B-A897-480E-94E7-D5BA2B94DA69}"

linkColor="16750115" isVertical="False"/>

   <ConnectionLink ownGUID="{F9104950-E98E-4A60-80E9-

CED2F1916B24}" firstContNum="3"

firstCont_hostGUID="{9BD0ED87-2D07-4EE2-B591-

AED469AB13BF}" secondContNum="2" second-

Cont_hostGUID="{A97C743B-A897-480E-94E7-D5BA2B94DA69}"

linkColor="32768" isVertical="False"/>

   <ConnectionLink ownGUID="{192E06A0-4C31-4D54-9837-

5E78BEB33CBE}" firstContNum="2"

firstCont_hostGUID="{048BC16C-2B77-44C3-99D2-

D0B7A4E4B2FB}" secondContNum="2" second-

Cont_hostGUID="{9ECBB2F1-A167-40E3-9878-C1263127FDBD}"

linkColor="128" isVertical="False"/>

    <ConnectionLink ownGUID="{06F51F9D-0D9E-4469-99F8-

0DFD2CB02BE6}" firstContNum="4"

firstCont_hostGUID="{A97C743B-A897-480E-94E7-

D5BA2B94DA69}" secondContNum="1" second-

Cont_hostGUID="{9ECBB2F1-A167-40E3-9878-C1263127FDBD}"

linkColor="16711808" isVertical="False"/>

    <ConnectionLink ownGUID="{80646776-CBEA-44AD-BBDA-

B798F586F933}" firstContNum="1"

firstCont_hostGUID="{8BBF089B-84C9-4DAB-85FF-

26F8AD5DA244}" secondContNum="4" second-

Cont_hostGUID="{EBB72EB2-E51C-443B-9BAF-0FC0AC0035CD}"

linkColor="128" isVertical="False"/>

</Project>

Калибровочные аналоговые установки старого образца, использовавшиеся в процессе проведения калибровок активных спектрозональных чипов. Нами до начала (продолжающейся до сих пор) работы по оцифровке данных аналоговой ПЗС- и КМОП- регистрации с получением комплементарных дескрипторов GUI разного назначения использовалась смонтированная нами ранее система сбора-обработки исходной информации. Система состояла из:

I. двух компаративных вектороскопов в едином рэке;

II. дисплея визуализации на электронно-лучевой трубке;

III. фазочувствительного усилителя и фазочувствительного анализатора;

IV. тактового генератора и генератора сигналов специальной формы;

V. светодиодного индикатора позиционно-чувствительных сигналов;

VI. RFT-биомонитора для анализа медленнопротекающих процессов;

VII. градиентного бинаризующего анализатора изображений от системы металлографической микроскопии «BUEHLER OMNIMET»;

VIII. микровидеомата («MICROVIDEOMAT») от фотомикроскопа «ZEISS OPTON» с аналоговой видеосистемой 1980-х гг. и спектральной насадкой.

Система смонтирована в стойках производства ЭЗАН (Экспериментального Завода Академии Наук) 1980-х гг. вв. под блоки в стандарте «НАДЕЛ». Общий вид данной системы приведен на рис. 40. В настоящее время часть установки не используется, другая часть адаптирована для проведения измерений на чипах с различной геометрией располагаемых над ними структур (не генетического / не полимеромного назначения), а также измерений с камер на микроскопах.

Рис. 40: Первичная версия стенда (без оцифровки и дублирования, 2016).

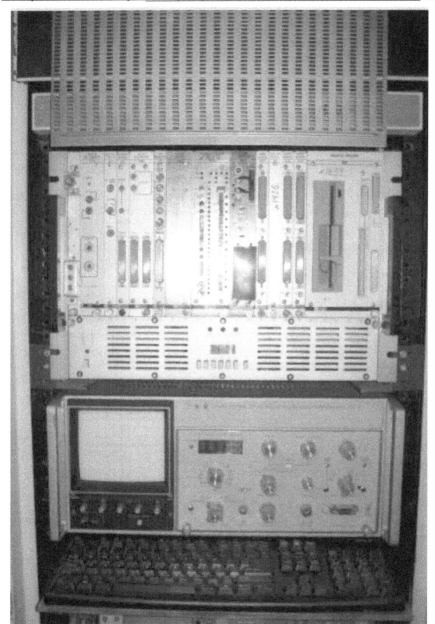

Рис. 41: Стойка САМАС и стробоскопический осциллограф – задел стенда для радиометрического чип-калибратора (2016, приостановлено вследствие отсутствия конвертеров USB-to-CAMAC для вывода на современный ПК).

Для радиометрических задач была начата (приостановленная по техническим причинам до приобретения конвертеров USB-to-CAMAC) сборка системы сбора-обработки данных на базе крейтов CAMAC, предназначенной для калибровки чипов и многоканальных измерений (рис. 41). Показано, что возможно характеризовать все эти процессы не только численным значением того или иного параметра на чипе, но и дескрипторами, получаемыми в ходе вторичной (т.е. цифровой, уже после накопления данных) обработки данных. Принципами спектроскопии на полупроводниковом детекторе достигается лишь аддитивный результат, в то время как использование свойств приборов с зарядовой связью в активном чипе дает возможность позиционно-чувствительно зарегистрировать и охарактеризовать процессы, лежащие в основе индикации меткой некоторого агента в образце. Автономное выполнение крейтовой модульной системой ряда задач позволяет не затруднять выполнение задач data mining-a, используя один софт во всех задачах по обработке данных с CAMAC-сопряжимых калибровочных систем.

DISCLAIMER

Все основные изображения, иллюстрирующие принципы работы системы и стандарты, приведены исключительно в образовательных целях и не являются в настоящей статье элементами рекламы или коммерческого использования. Все работы проводились на инициативных основаниях членами группы и не были в период проведения работ финансированы коммерческими структурами. Авторы кооперативно заявляют отсутствие конфликта интересов, отсутствие источника конфликта интересов данного происхождения.

БЛАГОДАРНОСТИ

Авторы выражают благодарность коллегам из Научно-исследовательского института гигиены, токсикологии и профпатологии (НИИГТП) ФМБА.

При исполнении настоящего плана инициативных работ был использован задел методов измерения и, частично, аппаратный парк гранта 16-32-00914.

ACKNOWLEDGEMENTS

The work was partly supported by RFBR grant 16-32-00914.

ЛИТЕРАТУРА

1. Xie Y., Wang X., Story M. Statistical methods of background correction for Illumina BeadArray data. *Bioinformatics*. 2009, vol. 25, no. 6, pp. 751-757.
2. Chen M., Xie Y., Story M. An Exponential-Gamma Convolution Model for Background Correction of Illumina BeadArray Data. *Commun. Stat. Theory Meth.*, 2011, vol. 40, no. 17, pp. 3055-3069.
3. Teo Y.Y., Inouye M., Small K.S., Gwilliam R., Deloukas P., Kwiatkowski D.P., Clark T.G. A genotype calling algorithm for the Illumina BeadArray platform. *Bioinformatics*, 2007, vol. 23, no. 20. pp. 2741-2746.
4. Li G., Gelernter J., Kranzler H.R., Zhao H. M(3): an improved SNP calling algorithm for Illumina BeadArray data. *Bioinformatics*, 2012, vol. 28, no. 3, pp. 358-365.
5. Smith M.L., Lynch A.G.. BeadDataPackR: A Tool to Facilitate the Sharing of Raw Data from Illumina BeadArray Studies. *Cancer Inform.*, 2010, vol. 9, pp. 217-227.
6. Guo J., Wang S., Dai N., Teo Y.N., Kool E.T. Multispectral labeling of antibodies with polyfluorophores on a DNA backbone and application in cellular imaging. *Proc. Nat. Acad. Sci. USA*, 2011, vol. 108, no. 9, pp. 3493-3498.
7. Singh V., Wang S., Kool E.T. Genetically encoded multispectral labeling of proteins with polyfluorophores on a DNA backbone. *J. Am. Chem. Soc.*, 2013, vol. 135, no. 16, pp. 6184-6191.
8. Dehkordi M.F., Dehghan G., Mahdavi M., Hosseinpour Feizi M.A. Multispectral studies of DNA binding, antioxidant and cytotoxic activities of a new pyranochromene derivative. *Spectrochim. Acta A: Mol. Biomol. Spectrosc.*, 2015 Jun 15;145:353-9.
9. Dai N., Guo J., Teo Y.N., Kool E.T. Protease probes built from DNA: multispectral fluorescent DNA-peptide conjugates as caspase chemosensors. *Angew. Chem. Int. Ed. Engl.* 2011, vol. 50, no. 22, pp. 5105-5109.
10. Tong C., Xiang G., Bai Y. Interaction of paraquat with calf thymus DNA: a terbium (III) luminescent probe and multispectral study. *J. Agric Food Chem.*, 2010, vol. 58, no. 9, pp. 5257-5262.
11. Troy A., Tran C.D. Near-Infrared Multispectral Imaging Technique for Visualizing Sequences of Di- and Tripeptides Synthesized by Solid Phase Combinatorial

Method. *Applied Spectroscopy*, 2001, vol. 55, no. 7, pp. 939-945.

12. Middendorf L.R., Bruce J.C., Bruce R.C., Eckles R.D., Grone D.L., Roemer S.C., Sloniker G.D., Steffens D.L., Sutter S.L., Brumbaugh J.A., Patonay G. Continuous, on-line DNA sequencing using a versatile infrared laser scanner/electrophoresis apparatus. *Electrophoresis*. 1992, vol. 13, no. 8, pp. 487-494.

13. Zazzi M., Riccio M.L., Venturi G., Catucci M., Romano L., De Milito A., Valensin P.E. Long-read direct infrared sequencing of crude PCR products for prediction of resistance to HIV-1 reverse transcriptase and protease inhibitors. *Mol. Biotechnol.*, 1998, vol. 10, no. 1, pp. 1-8.

14. Johnsen K., Nielsen P. Diversity of Pseudomonas strains isolated with King's B and Gould's S1 agar determined by repetitive extragenic palindromic-polymerase chain reaction, 16S rDNA sequencing and Fourier transform infrared spectroscopy characterisation. *FEMS Microbiol Lett.*, 1999, vol. 173, no. 1, pp. 155-162.

15. Lassiter S.J., Stryjewski W., Owens C.V., Flanagan J.H., Hammer R.P., Khan S., Soper S.A. Optimization of sequencing conditions using near-infrared lifetime identification methods in capillary gel electrophoresis. *Electrophoresis*, 2002, vol. 23, no. 10, pp. 1480-1489.

16. Flanagan J.H., Owens C.V., Romero S.E., Waddell E., Kahn S.H., Hammer R.P., Soper S.A. Near-infrared heavy-atom-modified fluorescent dyes for base-calling in DNA-sequencing applications using temporal discrimination. *Anal Chem.*, 1998, vol. 70, no. 13, pp. 2676-2684.

17. Little D.P., Speir J.P., Senko M.W., O'Connor P.B, McLafferty F.W. Infrared multiphoton dissociation of large multiply charged ions for biomolecule sequencing. *Anal Chem.*, 1994, vol. 66, no. 18, pp. 2809-2815.

18. Bindila L., Steiner K., Schäffer C., Messner P., Mormann M., Peter-Katalinić J. Sequencing of O-glycopeptides derived from an S-layer glycoprotein of Geobacillus stearothermophilus NRS 2004/3a containing up to 51 monosaccharide residues at a single glycosylation site by fourier transform ion cyclotron resonance infrared multiphoton dissociation mass spec-

trometry. *Anal. Chem.*, 2007, vol. 79, no. 9, pp. 3271-3279.

19. Pikulski M., Hargrove A., Shabbir S.H., Anslyn E.V., Brodbelt J.S. Sequencing and characterization of oligosaccharides using infrared multiphoton dissociation and boronic acid derivatization in a quadrupole ion trap. *J. Am. Soc. Mass. Spectrom.*, 2007, vol. 18, no. 12, pp. 2094-2106.

20. Singh V., Wang S., Kool E.T. Genetically encoded multispectral labeling of proteins with polyfluorophores on a DNA backbone. *J. Am. Chem. Soc.*, 2013, vol. 135, no. 16, pp. 6184-6191.

21. Yang M.M., Youvan D.C. A Prospectus for Multispectral-Multiplex DNA Sequencing. *Biotechnology*, 1989, Vol. 7, pp. 576-580.

22. Otto T.D. Real-time sequencing. *Nat. Rev. Microbiol.*, 2011, vol. 9, no. 9, p. 633.

23. Faino L., Seidl M.F., Datema E., van den Berg G.C., Janssen A., Wittenberg A.H., Thomma B.P. Single-Molecule Real-Time Sequencing Combined with Optical Mapping Yields Completely Finished Fungal Genome. *MBio.*, 2015, vol. 6, no. 4. doi: 10.1128/mBio.00936-15.

24. Flusberg B.A., Webster D.R., Lee J.H., Travers K.J., Olivares E.C., Clark T.A., Korlach J., Turner S.W. Direct detection of DNA methylation during single-molecule, real-time sequencing. *Nat. Methods.*, 2010, vol. 7, no. 6, pp. 461-465.

25. Nawy T. In situ sequencing. *Nat. Methods.*, 2014, vol. 11, no. 1, p. 29.

26. Meijerink E., Kozulic B., Stranzinger G., Neuenschwander S. Picogram cloning and direct in situ sequencing of DNA from gel pieces. *Biotechniques*, 2001, vol. 31, no. 4, pp. 802-804, 806, 808, 810.

27. Ke R., Mignardi M., Pacureanu A., Svedlund J., Botling J., Wählby C., Nilsson M. In situ sequencing for RNA analysis in preserved tissue and cells. Nat. Methods., 2013, vol. 10, no. 9, pp. 857-860.

28. Mitra R.D., Shendure J., Olejnik J., Krzymanska-Olejnik E., Church G.M.. Fluorescent in situ sequencing on polymerase colonies. *Anal Biochem.*, 2003, vol. 320, no. 1, pp. 55-65.

29. Lee J.H., Daugharthy E.R., Scheiman J., Kalhor R., Ferrante T.C., Terry R., Turczyk B.M., Yang J.L., Lee H.S., Aach J., Zhang K., Church G.M. Fluorescent in

situ sequencing (FISSEQ) of RNA for gene expression profiling in intact cells and tissues. *Nat. Protoc.*, 2015, vol. 10, no. 3, pp. 442-458.

30. Guo N., Cheung K., Wong H.T., Ho D. CMOS time-resolved, contact, and multispectral fluorescence imaging for DNA molecular diagnostics. *Sensors*, 2014, vol. 14, no. 11, pp. 20602-20619.

31. Pan Y.A., Freundlich T., Weissman T.A., Schoppik D., Wang X.C., Zimmerman S., Ciruna B., Sanes J.R., Lichtman J.W., Schier A.F. Zebrabow: multispectral cell labeling for cell tracing and lineage analysis in zebrafish. *Development*, 2013, vol. 140, no. 13, pp. 2835-2846.

32. Volnoukhin M., Brandhorst B.P. Multispectral labeling of embryonic cells with lipophilic carbocyanine dyes. *Mol. Reprod. Dev.*, 2015, vol. 82, no. 7-8, pp. 619-624.

33. Tsuriel S., Gudes S., Draft R.W., Binshtok A.M., Lichtman J.W. Multispectral labeling technique to map many neighboring axonal projections in the same tissue. *Nat. Methods.*, 2015, vol. 12, no. 6, pp. 547-552.

34. Siclovan T.M., Zhang R., Cotero V., Bajaj A., Dylov D.V., Yazdanfar S., Carter R., Tan Hehir C.A., Natarajan A. Fluorescence Phenomena in Nerve-Labeling Styryl-Type Dyes. *J Photochem Photobiol A Chem.*, 2016, vol. 316, pp. 104-116.

35. Болховитинов А.С., Нотченко А.В. Программа для установления симметрии беспозвоночных форм и ее тестирование на дальневосточных и иных *Asteroidea и Echinoidea*. *Байкальский зоологический журнал*, 2013, no. 1 (12), pp. 5-14

36. Орехов Ф. К., Градов О. В., Линь В. Координатно-сканирующая векторография и угловая сканирующая векторография как метод спектрозонального оценивания в декодирующей гибридизации в режиме реального времени. *Сборник тезисов 4-й Всероссийской научно-практической конференции по геномному секвенированию (19.05.16)*. ИБХ РАН, 2016. С. 24.

37. Gradov O.V., Jablokov A.G. Novel morphometrics-on-a-chip: CCD- or CMOS-lab-on-a-chip based on discrete converters of different physical and chemical parameters of histological samples into the optical signals with positional sensitivity for morphometry of non-optical patterns. *Journal of Biomedical Technologies*, 2016, no. 2, pp. 1-29

38. Gradov O.V. Multi-Functional Microprobe Lab-on-a-Chip Based on the Active-Pixel Sensor with the Position-Sensitive Cassette Masks Assembled from Discrete Converters of Different Biophysical and Biochemical Parameters into the Optical Response Signals [invited paper]. *International Journal of Modern Physics*, 2017, no. 2, pp. 23-28

39. Gradov O.V. Basic Optical and Corpuscular Physical Principles for Lab-on-a-Chip Constructions with Multiple Non-Optical Physical Signal Conversions into OAS (Optical Analytical Signals) in Multiparametric Experimental Biomedical Engineering Customizations. *Eur. J. Med., Ser. B*, vol. 4, no. 2, pp. 77-99

40. Градов О.В., Крюковских В.В., Орехов Ф.К. Полимеромика: метод секвенирования биополимеров и протобиополимеров с произвольной структурой кода. Часть I. Полимеромика семантид и эписемантид – путь к исследованию механизмов эволюции носителей кода. {Приглашенный аналитический обзор}. *Биомика*, 2016, т. 8, №. 3, pp. 246-265.

41. Градов О.В. О целесообразности реконструкции гартнеровских эллипсометров для получения комплементарных дескрипторов при МС-исследованиях в тематиках, связанных с протеомикой, биомакромолекулярной спектроскопией и полимеромикой сложных смесей. *Биомедицинская инженерия и электроника*, № 1(15), с. 134-145

42. Градов О. В., Панкратов С. К. Методы "радиоизотопной биоинформатики" для мультиспектрального секвенирования на активном чипе. *Сборник тезисов 4-й Всероссийской научно-практической конференции по геномному секвенированию (19.05.16).* ИБХ РАН, 2016. С. 22.

43. Яблоков А. Г. Подходы LSFM (OPFOS, SPIM, MSPIM, MUVISPIM) в анализе профилей распределений при капиллярном секвенировании и высокопроизводительном разделении техниками CGE / CZE. *Сборник тезисов 4-й Всероссийской научно-практической конференции по геномному секвенированию (19.05.16).* ИБХ РАН, 2016. С. 23.

44. Gradov O.V. SPIM-Like Techniques (SPIM, MSPIM, MuViSPIM and PIV/LDV/LDA/LDF Based on SPIM-Like Setups) as Novel Tools for Visualization, Measurements & Characterization of Supercritical Fluid Fluxes and Structures. International Conference "Fluxes and structures in fluids" - 2015.

МЕТОДЫ ЦИФРОВОГО «БАРКОДИНГА» В ИДЕНТИФИКАЦИИ И РАСШИФРОВКЕ АНАЛОГОВОЙ НЕЙРОФИЗИОЛОГИЧЕСКОЙ ИНФОРМАЦИИ В ФОРМЕ ОТПЕЧАТАННЫХ РЕГИСТРОГРАММ

Адамович Е.Д.[1], Градов О.В.[1], Нотченко А.В.[2]

[1]ИНЭПХФ РАН, [2]ИПУ РАН;

Введение

Стандартной проблемой множества нейрофизиологических лабораторий мира является считывание и оцифровка данных, полученных в прошлые периоды работы в других (устаревших на данный момент) компьютерных или аналоговых форматах. Так, в частности, случается с растровыми электрофизиологическими регистрациями 1970-1990-х гг., хранящимися зачастую в виде листов аналоговых графических распечаток без сохранения в виде расшифровываемого файла численных данных, над которым можно производить аналитические преобразования.

Как следствие, идентификация статистически-значимых пластов экспериментальных электрофизиологических данных, в том числе - являющихся результатом экспериментов в космической биологии и радиобиологии, повторение которых невозможно и биологически неоправданно, оказывается невозможной. Утеря подобной информации чревата потерей возможности прямой верификации результатов нетривиальных и спорных экспериментов, как опубликованных, так и неопубликованных в периодических изданиях (хранящихся в подлежащих оцифровке каталогизированных архивах).

Если рассматривать спайковую активность как последовательный код (Rieke F. et al., 1999) на разных уровнях организации нейронной структуры (Gerstner W., Kistler W.M., 2002), то становится очевидным, что необходимы коды различной размерности, которые могли бы быть построены на основе вышеуказанных графических данных и использованы для извлечения и квантификации физиологической информации из них. В частности, это необходимо: для анализа вызванных потенциалов сложной многокомпонентной формы и с высокой нелинейностью (Luck S.J. 2005), для установления параметров периодичности и соотношения регулярной и хаотической динамики ритмов головного мозга (Buzsaki G., 2006), при расшифровке результатов экспериментов по стимуляции глубинных структур головного мозга (Montgomery E.B., 2010) и данных наблюдений динамики мозга (Mitra P., Bokil H., 2007) - в особенности при мультипараметрическом мониторинге, методология которого начиная с 1990 гг. стала основываться целиком на цифровой записи и обработке данных (Rogatsky G. et al., 1996; Mayevsky A. et al., 1998; Sola A. et al., 2003).

Естественно, что стандартные методы оцифровки медицинских данных с помощью дигитайзера, которые доступны даже специалисту со средним медицинским образованием (Zerwekh J.A., Zerwekh Garneau A., 2012), не являются достаточно быстрыми и достаточно точными для эффективной расшифровки тонких особенностей многоканальной записи. В то же время использование специализированных программ для расшифровки аналоговых записей, которыми часто пользуются российские специалисты в отсутствие качественной цифровой или оцифровывающей техники - например, Graph2Digit (Toropygina O.A. et al., 2005; Makhneva Z.K. et al., 2008), приводит к появлению в файле расшифровки множества промежуточных значений, которые могут быть отнесены к артефактам, либо к получению аппроксимируемых сплайнами малоинформативных, с позиций исследования нелинейной динамики мозга (Stam C.J. 2006), данных со сглаженными элементами хаотических волн и стохастической электрофизиологической активности мозга (West B., 1988). Вместе с тем, очевидно, что само по себе аппроксимирование нелинейных форм активности, не ведущее к их систематизации на некотором пространстве состояний - то есть автоматизированной физиологической классификации по объективным нелинейно-динамическим критериям на этой метрике (Shelhamer M. 2006) - не имеет физиологического смысла, так как приводит впоследствии к необходимости дополнительной работы, связанной с обработкой данных в ходе поиска и качественного классифика-ционного анализа этих особенностей.

Отсюда следует необходимость использования метода, обладающего и свойствами обычных оцифровывающих и аппроксимирующих методов в электро- / нейрофизиологии, и свойствами распознавания и автоматической классификации образов - квантификации и кластеризации (Li G. et al., 2010) электрофизиологической информации. В таксономии для классификации биоразнообразия и анализа генетических рядов данных часто используют ме-тоды генетического баркодинга (Waterton C. et al., 2013), аппаратные средст-ва которых, используя обработку данных в режиме реального времени, при-водят к поиску, выявлению и отнесению к соответствующей метке в базе данных видоспецифичных фрагментов кода, классифицируемых машинными методами в рамках молекулярной систематики. Это дает также возможность квантификации (Appleyard D.C. et al., 2011; Grosselin J. et al., 2013) на заве-домо оптимальном уровне дискретности измерения. С недавнего времени "баркодинг" стал использоваться как термин в нейрофизиологии (Lefebvre J.L. et al., 2012), что привело к спекулятивным заявлениям в пресс-релизах типа "Neurons Use Barcodes to Tell Self from Non-Self", в действительности не имеющих отношения к баркодингу как к методу анализа последовательно-стей. Применимость программных средств анализа данных генетического баркодинга, тем не менее, ограничена только молекулярно-биологическими секвенциями, хотя физические принципы распознавания образов или класте-ризации баркодов обладают общностью для любых типов последовательно-стей данных (Bondar P., Nyul L.G., 2013).

Нами предлагается кардинально новый подход к считыванию и автома-тизированной интерпретации электрофизиологических / нейрофизиологиче-ских данных, основанный на использовании распознавания и сопоставления интерпретируемых графических данных с устаревших аналоговых носителей различным типам баркодов любой размерности, вплоть до динамических че-тырехмерных (Langlotz T., Bimber O., 2007). Учитывая применимость математических пакетов общего назначения типа MATLAB для обработки информации с электро- / нейрофизиологических источников (Wallisch P. et al., 2008) и распространение в последнее время интеллектуальных мобильных устройств, пригодных для считывания и передачи по сети распознанной информации баркодов (Kato H. et al., 2010), рациональнее производить распознавание с использованием кодов MATLAB и на подобных мобильных устройствах (Wachenfeld S. et al., 2010) с дальнейшим удаленным распознаванием образов методами математической морфологии (Katona M. et al., 2013). Превосходные изложения общих принципов применения баркодов, понятные для неспециалистов в этой области, в том числе для специалистов биомедицинского профиля (Palmer R.C., 2007), издаваемые во многих авторитетных издательствах, позволяют не останавливаться в настоящем кратком сообщении на основных принципах применения баркодов, перейдя к изложению прямых результатов предлагаемой методики, сделав лишь неизбежную оговорку на несводимость термина "баркод" к известному в русском языке аналогу "штрих-код", так как множество рассматриваемых ниже электро- / нейрофизиологических записей и баркодов не содержат прямой штриховой информации.

Предлагается вполне визуально-очевидное сопоставление различных свойственных электрофизиологии методов визуализации данных разной размерности специфичным по морфологическим принципам баркодам с классификацией и занесением соответствующих данных в корректный раздел дисковой памяти ЭВМ. Результаты сопоставления даются в таблице 1., из которой видно, что: растровые диаграммы, разрабатывавшиеся с 1970-х гг. (Tomey G.F., Sabah N.H., 1975), сопоставимы одномерным кодам; графические паттерны кросс-коррелограмм, известные в нейрофизиологии с 1960-х гг. (Katunsky A.Y., Khayutin V.M., 1968), сопоставимы кодам ZIP 4 и POST-NET; анализ принципиальных спайковых компонент, также широко используемый с последней четверти прошлого века и давший в 1980-х гг. аналогию между нейроном и анализатором главных компонент как направление редукционизма в нейрофизиологической аналитике (Oja E. 1982; Baldi P., Hornik K., 1989), может быть сопоставлен штрих-коду типа IM, имеющему эквивалентные символы 4-CB и USPS4CB; диагональные корреляционные гистограммы в методах постстимульных или перистимульных гистограмм, активно применявшиеся с 1970-х годов (Tsumoto T., 1974) и получившие хорошее математическое обеспечение в 1980-х (Palm G. et al., 1988), хорошо сопоставимы кодам Datamatrix (ISO/IEC16022), которые позволяют закодировать в одном паттерне (баркоде) до 2048 байт информации, а ещё один метод визуализации результатов анализа постстимульных или перистимульных гистограмм с временной разверткой, также известный в зарубежных публикациях как PSTH Versus Time и т.п. (Kraus B.J. et al., 2013), можно сопоставить кодификации Codablock, составленной из множества параллельных по ординате кодов (т.н. "stacked barcodes"). Аналогичным образом расшифровываются до сих пор применимые методы визуализации счета в бинах, известные также как trial-to-trial bin counts (Devilbiss D.M. et al., 2012) или просто trial bin counts, которым сопоставляется код PDF417, поддерживающий шифровку до 2710 знаков.

Таким образом, создается программная возможность информоёмкого кодирования и хранения нейрофизиологической информации, в ходе которых классификация по методам может производиться автоматически в режиме реального времени при распознавании кода машиной, а классификация по характеристикам - опосредованно человеком-оператором, но без привлечения избыточной информации об эксперименте и избыточных вычислений.

Подробное изложение нескольких конкретных методов баркодинга физиологической информации дано нами ранее[1], поэтому на методах и аппаратных средствах их реализации как безынтересных с физиологической точки

---

[1] См. труды VIII Российско-Баварской конференции по биомедицинской инженерии (VIII Russian-Bavarian conference on biomedical engineering), прошедшей в Санкт-Петербурге 29-31 мая 2012 года (стр. 175).

зрения данных подробно останавливаться не имеет смысла. Отметим лишь, что разрабатывавшееся в 2012 г. программное обеспечение имело целью распознавание не только *post factum* электрофизиологических записей, но и анализ кадра от аналоговых приборов (графопостроителей, обычных и двухкоординатных самописцев, светолучевых осциллографов с проявляющейся лентой, пленок с аппаратуры регистрации "Polaroid" и т.д.) в режиме реального времени[2].

Таблица 1:

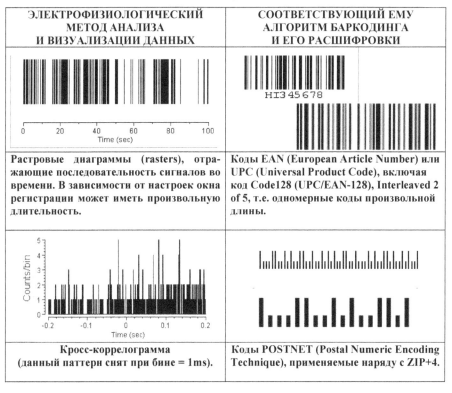

ЭЛЕКТРОФИЗИОЛОГИЧЕСКИЙ МЕТОД АНАЛИЗА И ВИЗУАЛИЗАЦИИ ДАННЫХ	СООТВЕТСТВУЮЩИЙ ЕМУ АЛГОРИТМ БАРКОДИНГА И ЕГО РАСШИФРОВКИ
Растровые диаграммы (rasters), отражающие последовательность сигналов во времени. В зависимости от настроек окна регистрации может иметь произвольную длительность.	Коды EAN (European Article Number) или UPC (Universal Product Code), включая код Code128 (UPC/EAN-128), Interleaved 2 of 5, т.е. одномерные коды произвольной длины.
Кросс-коррелограмма (данный паттерн снят при бине = 1ms).	Коды POSTNET (Postal Numeric Encoding Technique), применяемые наряду с ZIP+4.

---

[2] Подобная идеология была имплементирована нами впоследствии в работе: *Адамович Е. Д., Градов О. В.* Телеметрическая сверхвысокочастотная ЭКГ-приставка с поточным конвейерным распознаванием образов в режиме реального времени // *Биомедицинская инженерия и электроника.* — 2015. — № 8(1). — С. 7–36.

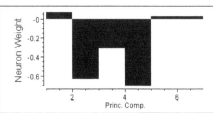

Анализ главных компонент (т.н. **Principal Components Analysis**) электрорегистрации.	**IM (Intellectual mail)** штрих-код, имеющий эквивалентные символы 4-CB и USPS4CB.

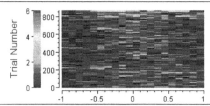

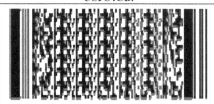

Счет регистрируемых бинов, т.е. временных окон (**Trial bin counts**) в ходе эксперимента (при бинаризации по количеству отсчетов).	**PDF417 (Portable Data File — переносимый файл данных)**, поддерживающий шифровку до 2710 знаков. Аналог кода: **MicroPDF417**.

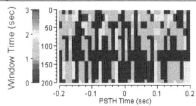

Метод перистимульных гистограмм (**PSTH Versus Time**) с оконной визуализацией (**bin**).	**Codablock**, входящий в множество "stacked barcodes" как наложение множества кодов.

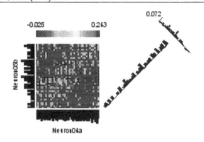

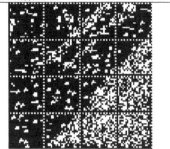

Joint PSTH - постстимульня гистограмма / перистимульная гистограмма и её паттерны.	**Datamatrix (ISO/IEC16022)**, позволяющий кодировать до 2048 байт информации.

Однако то, что эта программа не была востребована пользователями из быв. СССР в таком, виде вселяет определенный оптимизм - так как обратное означало бы необратимое устаревание постсоветского парка оборудования для нейрофизиологических исследований. Напротив, современная идеология применения этой методики распознавания нейрофизиологических данных направлена также и на наиболее современные результаты визуализации электрофизиологических регистраций и анализов, пригодные для баркодинга, что позволяет видеть определенные перспективы технологии распознавания и баркодинга в электрофизиологии в будущем.

ЛИТЕРАТУРА.

Appleyard D.C., Chapin S.C., Doyle P.S. Multiplexed Protein Quantification with Barcoded Hydrogel Microparticles. Analytical Chemistry, Vol. 83, Issue 1, pp. 193–199 (2011).

Baldi P., Hornik K. Neural networks and principal component analysis:Learning from examples without local minima. Neural Networks, Vol. 2, pp. 53–55 (1989)

Bondar P., Nyul L.G. Barcode Detection Using Local Analysis, Mathematical Morphology, and Clustering. Acta Cybernetica, Vol. 21, Issue 1, pp. 21–35 (2013)

Buzsaki G. Rhythms of the Brain. 464 p., Oxford University Press, Oxford, New York, 2006.

Devilbiss D.M., Jenison R.L., Berridge C.W. Stress-Induced Impairment of a Working Memory Task: Role of Spiking Rate and Spiking History Predicted Discharge. PLoS Computational Biology, Vol. 8, Issue 9, Art. No. e1002681 (2012)

Gerstner W., Kistler W.M. Spiking Neuron Models: Single Neurons, Populations, Plasticity. 496 p., Cambridge University Press, Cambridge, New York, 2002.

Grosselin J., Sii-Felice K., Payen E., Chretien S., Roux D.T., Leboulch P. Arrayed lentiviral barcoding for quantification analysis of hematopoietic dynamics. Stem Cells, doi: 10.1002/stem.1383, in press (2013)

Kato H., Tan K.T., Chai D. Barcodes for Mobile Devices, 268 p., Cambridge University Press, Cambridge, New York, 2010.

Katona M., Nyúl L.G. Efficient 1D and 2D Barcode Detection Using Mathematical Morphology. Lecture Notes in Computer Science, Vol. 7883, pp. 464-475 (2013)

Katunsky A.Y., Khayutin V.M. The reflex latency and the level of mediation of spinal afferent impulses to the cardiovascular sympathetic neurones. Pflüger's Archiv für die gesamte Physiologie des Menschen und der Tiere, Vol. 298, Issue 4, pp. 294-304 (1968)

Kraus B.J., Robinson R.J., White J/A/, Eichenbaum H/, Hasselmo M/E. Hippocampal "time cells": time versus path integration. Neuron, Vol. 78, Issue 6, pp. 1090-1101 (2013)

Langlotz T., Bimber O. Unsynchronized 4D Barcodes. Lecture Notes in Computer Science, Vol. 4841, pp. 363-374 (2007)

Lefebvre J.L., Kostadinov D., Chen W.V., Maniatis T., Sanes J.R. Protocadherins mediate dendritic self-avoidance in the mammalian nervous system. Nature, Vol. 488, Issue 7412, pp. 517-521 (2012)

Li G., Schultz A.E., Kuiken T.A. Quantifying pattern recognition-based myoelectric control of multifunctional transradial prostheses. IEEE Transactions on Neural Systems and Rehabilitation Engineering, Vol. 18, Issue 2, pp. 185-192 (2010)

Luck S.J. An Introduction to the Event-Related Potential Technique. 388 p., MIT Press, Cambridge, Massachusetts, London, 2005

Makhneva Z.K., Erokhin Y.E., Moskalenko A.A. Assembly of LH2 light-harvesting complexes in *Rhodopseudomonas palustris* cells illuminated by blue and red light. Microbiology, Vol. 77, Issue 3, pp. 339-347 (2008)

Mayevsky A., Manor T., Meilin S., Doron A., Ouaknine G.E. Real-Time Multiparametric Monitoring of the Injured Human Cerebral Cortex - a New Approach. Acta Neurochirurgica Suppl., Vol. 71, pp. 78-81 (1998)

Mitra P., Bokil H. Observed Brain Dynamics. 408 p., Oxford University Press, Oxford, New York, 2007

Montgomery E.B. Deep Brain Stimulation Programming: Principles and Practice, 208 p., Oxford University Press, Oxford, New York, 2010

Oja E. Simplified neuron model as a principal component analyzer. Journal of Mathematical Biology, Vol. 15, Issue 3, pp. 267-273 (1982)

Palm G., Aertsen A.M.H.J., Gerstein G.L. On the significance of correlations among neuronal spike trains. Biological Cybernetics, Vol. 59, Issue 1, pp. 1-11 (1988)

Palmer R.C. The Bar Code Book. A Comprehensive Guide To Reading, Printing, Specifying, Evaluating, And Using Bar Code and Other Machine-Readable Symbols, 470 p., Trafford Publishing, Victoria, 2007.

Rieke F., Warland D., van Stevenlnck R., Bialek W. Spikes: Exploring the Neural Code. 416 p., A Bradford Book, MIT Press; Cambridge, Massachusetts, London, 1999.

Rogatsky G., Mayevsky A., Zarchin N., Doron A. Continuous multiparametric monitoring of brain activities following fluid-percussion injury in rats: preliminary results. Journal of Basic and Clinical Physiology and Pharmacology, Vol. 7, Issue 1, pp. 23-43 (1996).

Shelhamer M. Nonlinear Dynamics in Physiology: A State-space Approach. 368 p., World Scientific Publishing Company, Singapore, 2006.

Sola A., Palacios L., Lopez-Marti J., Ivorra A., Noguera N., Gomez R., Villa R., Aguilo J., Hotter G. Multiparametric monitoring of ischemia-reperfusion in rat kidney: effect of ischemic preconditioning. Transplantation, Vol. 75, Issue 6, pp. 744-749 (2003)

Stam C.J. Nonlinear Brain Dynamics. 148 p., Nova Science Publishers Inc., New York., 2006.

Tomey G.F., Sabah N.H. Raster display of single-unit neuronal responses. Medical and biological engineering, Vol. 13, Issue 2, pp. 315-316 (1975)

Toropygina O.A., Makhneva Z.K., Moskalenko A.A. Reconstitution of Okenone into Light Harvesting Complexes from *Allochromatium minutissimum*. Biochemistry, Vol. 70, Issue 11, pp. 1231–1237 (2005)

Tsumoto T. Characteristics of the thalamic ventrobasal relay neurons as a function of conduction velocities of medial lemniscal fibers. Experimental Brain Research, Vol. 21, Issue 1, pp. 211–224 (1974)

Wachenfeld S., Terlunen S., Jiang X. Robust 1-D Barcode Recognition on Camera Phones and Mobile Product Information Display. Lecture Notes in Computer Science, Vol. 5960, pp. 53–69 (2010)

Wallisch P., Lusignan M., Benayoun M., Baker T.I., Dickey A.S., Hatsopoulos N. MATLAB for Neuroscientists: An Introduction to Scientific Computing in MATLAB, 400 p., Academic Press, Elsevier, Burlington – San Diego – London, 2008.

Waterton C., Ellis R., Wynne B. Barcoding Nature: Shifting Cultures of Taxonomy in an Age of Biodiversity Loss. 224 p., Routledge, London, New York, 2013.

West B. Chaos and Brain Wave Activity: Measures of Irregular Time Series. 1988, Physical dynamics Inc. (Government publication), La Jolla, California, 244 p.

Zerwekh J.A., Zerwekh Garneau A. Nursing Today: Transition and Trends. 640 p., Elsevier Saunders; St. Louis, Missouri, 2012.

YOUR KNOWLEDGE HAS VALUE

- We will publish your bachelor's and
  master's thesis, essays and papers

- Your own eBook and book -
  sold worldwide in all relevant shops

- Earn money with each sale

Upload your text at www.GRIN.com
and publish for free

GRIN ☺

www.ingramcontent.com/pod-product-compliance
Lightning Source LLC
LaVergne TN
LVHW092341060326
832902LV00008B/759